© 2008 BrunoMedia Buchverlag
Bonner Straße 328, 50968 Köln, Germany
www.brunomedia.de

Herausgeber: Ralf-Dieter Brunowsky

Text: Hans-Dieter Brunowsky, Maximilian Kubenz

Redaktion und Beratung: Antje Schweitzer
Lektorat: Frank Schumann
Gestaltung: d-sign us, Ulrich E. K. Schmidt
Fotos: Frank Beer diplom fotodesign; Fotolia; SCHUFA Holding AG

Alle im Text erwähnten Produkte und Eigennamen
sind eingetragene Warenzeichen der jeweiligen Herstellerfirmen.

Druck: Polygraf Print Ltd.
Printed in Slovakia

ISBN 978-3-9811506-4-3

www.opadaskannstduauch.de
www.brunowsky.de (Blog)

OPA
– wie werd ich Millionär?

Mein Enkel will mit mir über Geld reden

Hans-Dieter Brunowsky
und Maximilian Kubenz

BrunoMedia®
BUCHVERLAG

4

Vorwort

Unsere Opa-Bücher sind, allen Lesern sei Dank, ein Riesenerfolg geworden, und das bringt Maxi und mir verschiedene Dinge ein: ständige Fragen meines Sohnes und Verlegers nach weiteren Bänden; viele nette Kontakte zu den Fans unserer Bücher; die Chance, im eigenen Blog von genau diesen Fans gelobt zu werden; jede Menge Spaß bei Interviews und auf der Buchmesse. Und Geld.

Mancher meint ja nun, übers eigene Geld zu reden, sei unfein. Aber genau das haben mein Enkel und ich getan. Denn schließlich bringt es nichts, wenn der Junge fast 50.000 Euro auf der Bank liegen hat und er nicht mit dem Geld arbeitet

oder das Geld nicht für ihn. Im Moment ist das noch kein Schaden, denn seine Mutter hat den Daumen auf der Kohle und ein Auge auf die Erträge. Aber mit 18 wird er sich dann selbst drum kümmern müssen, und Maximilians Ehrgeiz ist schon geweckt – er will unbedingt Millionär werden. Ich kann nur sagen: warum nicht? Das hat sein Opa zwar nie geschafft, aber der war ja auch mit 17 noch kein Bestsellerautor.

Damit nicht genug, hat Maxi auch noch andere Probleme. Weil seine Mutter die Autorenhonorare bewacht, muss er fürs tägliche Leben genauso auf die Jagd nach Taschengeld gehen wie andere junge Leute auch. Opa anpumpen funktioniert nicht immer, also musste ein richtiger Nebenjob her. Für das verdiente Geld brauchte Maxi dann ein eigenes Konto. Dann kommen der erste Job, die eigene Wohnung, Miete, Versicherung, Steuern – aller Anfang ist bekanntlich schwer.

Da kommt es meinem Enkel gerade recht, dass ich ein gelernter Volkswirt bin und ein Leben lang immer mehr als nur ein Auge aufs Geschäftliche hatte. Meine Erfahrungen gebe ich nun weiter – ist doch schön, dass ich dem Jungen zur Abwechslung mal um 70 Jahre Erfahrung voraus bin und mich für seine Ausdauer, mit der er mir die neue Technik erklärt hat, revanchieren kann. Geldanlage in Aktien? Oder lieber gleich ein eigenes Unternehmen gründen – oder beides? Volles Risiko gehen – oder doch lieber Vorsicht walten lassen im Umgang mit dem hart verdienten Geld?

Die „Opa-Bücher" haben den beiden Spaß gemacht – und Geld eingebracht

So zog eine Frage die nächste nach sich, und heraus kam am Ende dieses Buch: ein Geld-Ratgeber für junge Leute, die mit beiden Beinen ins finanzielle Leben springen und dort fest stehen möchten. Und für alle Familienmitglieder und Freunde, die ihnen dabei helfen wollen, aber nicht so recht wissen, wie.

Opa, wie werd ich Millionär?

Erben. Oder die eigene Firma

Mein Enkel Maximilian möchte jetzt gern mal eine Zigarre mit mir rauchen. Nun, das mache ich eigentlich nur alle paar Jahre, aber unseren gemeinsamen Bucherfolg können wir ja mal ausnahmsweise auf diese Weise zelebrieren. „Opa, wie werd ich Millionär?", fragt mich plötzlich mein Enkel. Diese Frage verblüfft mich. Ich habe selbst noch nie darüber nachgedacht. Als pensionierter Marineoffizier bin ich hochzufrieden mit meiner Pension. Meine Frau hat stets darauf geachtet, dass wir keine Schulden machen – bei uns galt immer das Prinzip: erst sparen, dann kaufen.

Wie soll ich da Tipps geben, wie man Millionär wird?

Nun, immerhin habe ich ja auch mal Volkswirtschaft studiert. Und ich erinnere mich an einen Professor in Erlangen, dessen Hauptlehrsatz war: „Der wichtigste Unternehmenszweck ist, Steuern zu sparen." Na, ob das heute noch gilt, weiß ich nicht. Aber bei so hohen Steuern dürfte da weiterhin was dran sein.

Maxi, sage ich, dein Vater ist ein erfolgreicher Speditionsunternehmer und weiß wahrscheinlich viel besser als ich, wie man Millionär wird. Aber eins ist mir schon klar: Wirklich reich werden kann man nur auf zwei Wegen. Entweder erbt man viel, oder man wird erfolgreicher Unternehmer. Maxi antwortet ganz cool: „Na ja, ob ich von meinem Vater viel erbe, weiß ich nicht, aber ich würde mir sowieso lieber was Eigenes aufbauen."

O. k., dann sprechen wir mal darüber. Also, Maxi, ich weiß zum Beispiel von einem Unternehmer, der hat die Chips im Supermarktwagen erfunden. Du weißt schon, man steckt einen Euro rein, zieht den Wagen zum Einkaufen raus, kauft ein, und wenn man fertig ist, schiebt man den Wagen in die anderen und kriegt den Euro zurück. Steinreich ist der geworden.

Der Mann hat damals 60 Leute beschäftigt, die Maschinen liefen Tag und Nacht. Mein Sohn hat ihn in Florida getroffen. Dort hatte er eine Riesenvilla, einen Viper-Sportwagen, eine Motorjacht und was weiß ich.

„Yes, genau so stelle ich mir das auch vor. Aber wie hat der angefangen?"

Lassen wir also mal das Thema Erben beiseite. Die zentrale Aufgabe des Unternehmers ist es, etwas zu verkaufen. Erfinden allein bringt kein Geld. Egal was man zu bieten hat. Als Händler, als Handwerker, als Fabrikant oder als Bank – nur wer verkauft, verdient Geld. Und nur wer viel verkauft, wird auch Millionär. Das ist meine erste Regel.

Eigentlich glaube ich auch, dass ich unternehmerische Gene habe. Nach dem Krieg war es verdammt schwer, sich über Wasser zu halten. Ich hab zum Beispiel während meines Studiums angefangen, die damals ganz neuen Transistorradios zu verkaufen. Das ist meine zweite Regel: Du brauchst eine gute Idee. Hab 100 Leuten ein Radio ins Haus gebracht, hab ihnen

gesagt, sie sollen es zunächst ausprobieren und erst dann in Raten bezahlen, wenn sie es behalten wollen.

So habe ich mein erstes Geld verdient, und man sieht daran gleich mehrere Dinge: Erstens muss das Produkt stimmen, zweitens der Preis und drittens die Finanzierung. Die Herstellerfirma hat mir 100 Radios kostenlos zur Verfügung gestellt. Ich brauchte die Radios also nur zu bezahlen, wenn ich sie verkauft hatte. Deswegen konnte ich meinen Kunden das Geld fürs Radio quasi leihen. Und trotzdem an jedem Radio Geld verdienen. Das ist meine dritte Regel. Ein Unternehmer setzt so wenig wie möglich von seinem eigenen Geld ein.

„Ich dachte immer, man muss sich erst mal um Anträge und die ganze Bürokratie kümmern."

Klar, das ist sicher auch ein Teil der Arbeit, aber das meiste kann man einfach an den Steuerberater geben.

„Aber wie werde ich denn Unternehmer, was muss ich denn lernen?"

Nun, Maxi, es gibt Tausende von verschiedenen Unternehmern. Es gibt Mini-Unternehmer, die grade so ihr Auskommen haben, und es gibt Unternehmer, die ihre Firma wachsen lassen. Wenn eine Firma wächst, wird sie größer und wirft immer mehr Gewinn ab. Kleinunternehmer werden selten Millionäre. Wenn du Millionär werden willst, musst du schon was Größeres im Auge haben.

Maxi kommt ins Grübeln. „Da muss man wohl erst mal Betriebswirtschaft und so studieren, in einer Firma arbeiten und ziemlich viel lernen, vor allem Mathematik."

Sicher, Maxi, ein BWL-Studium ist immer gut, aber das muss nicht sein. Es gibt viele Selfmademen, die trotz abgebrochenem Studium steinreich geworden sind, weil ihre Geschäftsidee funktionierte und sie viel gearbeitet haben. Man muss auch kein Mathematiker sein, um Geschäfte zu machen. Ich erzähl dir dazu mal einen Witz:

MAXIMILIAN AG
MEINE EIGENE FIRMA

Träumen erlaubt. Je größer das Geschäft, desto besser

Trifft der Lehrer seinen ehemaligen Schüler, der im Rolls-Royce vorfährt. Sagt der Lehrer: Donnerwetter, du hast es aber zu etwas gebracht. Was machst du denn beruflich? Sagt der Schüler: Ja, ich habe es zu etwas gebracht, ich bin Unternehmer. Meint der Lehrer: Aber ich erinnere mich, dass du in Mathe schlechte Noten hattest. Der Schüler: Ach wissen Sie, ich bin Schrotthändler, und da braucht man nicht viel Mathematik. Ich kaufe ein Kilo Schrott für einen Euro ein und verkaufe es für zwei Euro. Und von dem einen Prozent lebe ich ganz prima!

Maxi lacht. „Na, da habe ich ja gute Aussichten!"

Weißt du, die Seefahrer haben über viele Jahrhunderte erfolgreich navigiert, obwohl sie glaubten, dass die Erde eine Scheibe ist. Man muss und kann nicht alles wissen, und dennoch kann man erfolgreich sein. Erfolgreich wird ein Unternehmen erst dann, wenn es regelmäßige, möglichst sogar steigende Einnahmen hat. Und wenn diese Einnahmen immer höher als die Kosten sind.

„Dann gehen wir mal los. Ist der Teppich für mich?"

Nimm mal die Leute, die auf die Idee gekommen sind, Fahnen für die Autos zur Fußball-WM und -EM zu verkaufen. Tolle Idee, wahrscheinlich ein Millionengeschäft. Aber wie geht es dann weiter? Die Leute fahren ja nur zur WM mit Fahnen herum. Das heißt, der Unternehmer muss sich immer Gedanken über Nachfolgeprodukte oder Dienstleistungen machen.

Ich erinnere mich an eine Firma, die in England eine Produktion von Pappbechern für Kaffeemaschinen aufzog. Wie geht man sicher, dass kontinuierlich Kaffeebecher verkauft werden? Man stellt den Firmen Kaffeeautomaten zum Vorzugspreis ins Büro, und schon läuft das Geschäft.

„Opa, da wird doch immer viel über Existenzgründungshilfen geredet. Wann bekommt man denn so was?"

Weißt du, es kommt darauf an, wofür man Geld benötigt. Wenn du eine eigene Firma gründen willst, musst du erst mal rausfinden, wie viel Geld du brauchst, bis die Einnahmen die Ausgaben übersteigen. Nehmen wir an, du willst 25.000 Euro in deine eigene Firma investieren. Mit dem Geld kannst du eine GmbH gründen. Das machst du beim Notar. Der meldet die Firma beim Handelsregister an. Die 25.000 Euro zahlst du dann als Gründungskapital aufs Firmenkonto ein. Nehmen wir weiter an, du als Computerspiel-Experte willst einen kleinen Laden für Computerspiele aufmachen. Also: Was brauchst du? Überleg mal.

„Klar, einen Laden, ein Telefon, Faxgerät, Internetanschluss, Regale für die Ware und bestimmt einen Verkäufer, der mich unterstützt."

Genau, und jetzt musst du mal zusammenrechnen, wie lang dein Geld reichen würde, wenn du nichts verkaufst. Je niedriger die Kosten, desto länger reicht dein Geld. Und je schneller Einnahmen reinkommen, desto länger reicht das Geld. Zwei Sachen sind also besonders wichtig. Niedrige Kosten, auch beim Kauf der Ware, und schnelle Einnahmen – die kommen aber nur, wenn deine Firma bekannt ist. Also musst du auch Kosten für Werbung einplanen. Und beim Einkauf der Ware bekommst du vielleicht einen Lieferantenkredit.

„Was ist denn das?"

Denk an meinen Radio-Verkauf. Viele Lieferanten sind bereit, eine Bezahlung der Ware erst nach zwei bis drei Monaten zu erlauben. Zum Beispiel bekommt unser Verleger von seiner Druckerei einen Lieferantenkredit. Wenn unser Buch gedruckt wird, hat BrunoMedia drei Monate Zeit, bevor die Rechnung bezahlt werden muss. Wenn genug Bücher bis dahin verkauft wurden, sind diese Kosten schon gedeckt. Du hast also die Chance, die Ware vorher zu verkaufen und aus den Einnahmen die Kosten des Einkaufs zu begleichen. Oder, noch besser, manche Lieferanten stellen dir die Ware hin, und du brauchst erst zu bezahlen, wenn du verkauft hast. Das machen zum Beispiel viele Möbelgeschäfte. Die Ware bleibt dann allerdings bis zum Verkauf im Eigentum des Lieferanten. So was nennt man ein Kommissionsgeschäft.

„Kann ich mir denn nicht von der Bank Geld leihen?"

Also da wäre ich skeptisch. Es gibt ja Existenzgründungsdarlehen, die aber ziemlich mühsam zu beantragen sind. Also was ich so gehört habe, verleihen Banken ungern Geld an kleine Firmen. Wenn du jetzt einen Kredit beantragen würdest, fragt dich die Bank sofort nach einer Sicherheit.

„Aber wenn ich denen meine Unternehmens-Idee erkläre? Und welche Einnahmen ich erwarte?"

Das kannst du echt vergessen. Als Sicherheit akzeptiert die Bank nur Sicherheiten, die sie wieder zu Geld machen kann, zum Beispiel eine Lebensversicherung, eine Immobilie oder Wertpapiere. Am ehesten gewährt sie dir noch einen Dispositionskredit für dein Konto. Und das auch nur, wenn regelmäßig Einnahmen kommen. Also verlass dich in den ersten Jahren nicht auf die Banken. Die wollen immer nur dein Bestes, dein Geld. Spar lieber erst mal was an. Und überleg dir, was für eine Firma du eigentlich gründen willst.

Maxi wirkt plötzlich ganz entschlossen.

„O.k., Opa, ich werde mir in den nächsten Monaten mal was überlegen. Immerhin habe ich ja jetzt schon was zusammen durch unsere Bücher. Einen Teil werde ich dann irgendwie sparen, den anderen Teil bestimmt investieren."

Das ist keine schlechte Strategie, Maxi, dann sollten wir jetzt mal darüber reden, wie man Geld spart und anlegt. Ich werde Maxi jetzt mal einen kostenlosen Grundkurs in Sachen Geldanlage geben.

Also, mein Junge.
Ein Grundkurs muss sein

ALLES WIRD TEURER

Keine Binsenweis-
heit, sondern ein
Fakt, mit dem sich
künftige Millionäre
auseinandersetzen
müssen: Warum
muss Geld für den
Besitzer arbeiten?

Alles wird teurer, was mach ich bloß?

Vom Umgang mit den Euros

„Hallo Opa, gut dass ich dich treffe. Kannst du mir mal zehn Euro leihen?"

Der Junge hat Humor, das muss ich meinem Enkel lassen. Ich kann mich nämlich nicht erinnern, dass mein Goldjunge jemals den Versuch gemacht hat, bei mir gepumptes Geld zurückzuzahlen. Wir nannten diese Art, sich Geld zu beschaffen, nicht Leihen, sondern Schnorren. Immerhin hat der Bengel ja aus seinen Bücherhonoraren eine Menge Geld auf dem Konto, aber da lässt ihn seine Mutter bis zur Volljährigkeit nicht ran. Finde ich auch ganz gut!

Schon wieder? Ich hab dir doch erst vor einer Woche was gegeben. Davon habe ich noch keinen Cent zurückbekommen. Ich glaube fast, hier geht es eher ums Schenken und nicht ums Leihen …

„Was soll ich denn machen? Mein Taschengeld reicht hinten und vorn nicht. Ich hab es schon bei Papa und Mama versucht, aber die lassen nicht mit sich reden. Egal, was ich kaufe – fast alles ist ätzend teuer geworden."

Da hast du recht. Aber frag mal deine Mutter, wie sie das sieht. Sie muss tanken, Heizöl und Strom bezahlen, Miete, Versicherungen, Lebensmittel. Und mindestens einmal in Urlaub fahren im Jahr wollt ihr auch. Alles wird teurer. Das nennt man Inflation. Aber irgendwie muss jeder mit seinem Geld auskommen. Entweder sparen, wenn das geht, damit am Monatsende was übrig ist. Oder, wenn das nicht möglich ist, Geld dazuverdienen. Das könntest du übrigens auch, bevor du am

Monatsende deine Masche mit dem Geld pumpen bei deinem Opa abziehst!

„Ich bin schon selbst drauf gekommen, mir was nebenher zu verdienen. Das werde ich demnächst auch machen. Aber das mit der Inflation kapiere ich nicht so ganz. Woher weiß man eigentlich, wie hoch die ist?"

Die Geldentwertung, wie Inflation häufig auch genannt wird, misst jeden Monat das Statistische Bundesamt. Jedes Land hat übrigens so eine Behörde, die auch noch viele andere Dinge ermittelt und berechnet. Du musst dir das so vorstellen: Man hat einen Einkaufswagen, wo – im übertragenen Sinn – alles Mögliche hineingepackt wird.

Nahrungsmittel, Strom, Handygebühren, Benzin und Diesel, Pauschalreisen und Flachbildschirme. Also alles, wofür ein normaler Haushalt in Deutschland sein Geld ausgibt. Dann wird in jedem Monat festgestellt, wie viel der ganze Inhalt dieses fiktiven Einkaufswagens kostet. Der Preis wird danach verglichen mit dem vor einem Monat und vor einem Jahr. Und so ergibt sich die Inflationsrate. „Und was ist an Inflation so schlimm? Außer dass mein Taschengeld nur für die ersten zwei oder drei Wochen im Monat reicht?"

An sich ist Inflation nichts Schlimmes. Dumm wird es nur, wenn die Inflation dauerhaft zu hoch ist. Drei oder vier oder noch mehr Prozent im Jahr. Eine so hohe Geldentwertung wird von den

Wie viele Scheine für einen gefüllten Wagen? Das bestimmt nicht nur der Einkaufszettel, sondern auch die Inflationsrate

Lohnerhöhungen meist nicht mehr ausgeglichen. Und je höher die Inflation, desto weniger kannst du dir vom gleichen Geld auf deinem Konto kaufen.

„Aber viele haben doch, wie ich auch, ein Sparbuch oder ihr Geld irgendwo anders angelegt. Das kann man doch einsetzen, wenn die Inflation zu hoch und alles teurer wird, oder?"

Das könnte man meinen, aber es ist eine Milchmädchenrechnung. Denn eine hohe Inflation ist nicht nur ein Problem für alle, die arbeiten und vielleicht zu wenig Lohnerhöhung bekommen. Auch die Ersparnisse werden durch die Inflation immer weniger wert. Das kann nur durch höhere Zinsen oder andere Kapitalerträge ausgeglichen werden, also wenn die Zinseinnahmen höher als die Inflationsrate sind. Auch wenn sich das übertrieben anhört: Inflation vernichtet das Vermögen, sofern es nicht gut angelegt ist.

„Aber mit meinen Buchhonoraren auf dem Sparbuch käme ich doch schon ziemlich weit, wenn Mama nicht immer den Daumen darauf halten würde, bis ich 18 bin."

Das denkst du. Und viele andere Menschen denken das auch. Aber es ist ein Irrtum, was sich ganz schnell nachweisen lässt, und zwar durch die Mathematik. Mathe fällt dir doch ziemlich leicht in der Schule. Dann sollte dir, was ich jetzt sage, ebenfalls schnell einleuchten. Nehmen wir nur mal an, deine Mutter hätte 100.000 Euro gespart. Natürlich ist sie nicht so dumm, das ohne Zinsen oder Dividenden zu machen. Aber unterstellen wir mal, sie würde das als Bargeld in einem großen Tresor der Bank aufbewahren, also ohne Zinsen. Und nun nehmen wir an, dass die jährliche Inflationsrate nur zwei Prozent beträgt. So viel ist nicht weiter schädlich. Nach fünf Jahren hätten die 100.000 Euro von heute noch eine Kaufkraft von etwas mehr als 90.000 Euro. Das heißt, deine Mutter könnte sich in fünf Jahren für die 100.000 nur noch Waren im Wert von 90.000 Euro kaufen. Das nennt man Kaufkraft. Nach 20 Jahren würde die Kaufkraft gut 67.000 Euro betragen und nach 30 Jahren noch rund 55.000 Euro. Würde die Inflationsrate statt bei zwei sogar jedes Jahr bei vier Prozent liegen, dann wären 100.000 Euro von heute in 30 Jahren nur noch knapp 31.000 Euro wert.

„O. k., aber wie vermeide ich denn jetzt, dass die Inflation meine Ersparnisse auffrisst?"

Ich bin ja nie reich gewesen, aber mir und deiner Omi geht es gut. Wir haben unsere Ersparnisse immer so angelegt, dass

SO ENTWERTET DIE INFLATION

Investiert werden einmalig 100.000 Euro. Das angelegte Vermögen verbucht weder Wertzuwächse noch werden regelmäßige Erträge wie Zinsen oder Dividenden erzielt.

	Inflationsrate im Jahresschnitt					
Nach Jahren	1,5%	2,0%	2,5%	3,0%	3,5%	4,0%
5	92.826	90.573	88.385	86.260	84.197	82.192
10	86.166	82.034	78.119	74.409	70.891	67.556
15	79.985	74.301	69.046	64.186	59.689	55.526
20	74.247	67.297	61.027	55.367	50.256	45.638
25	68.920	60.953	53.939	47.760	42.314	37.511
30	63.976	55.207	47.674	41.198	35.627	30.831

Quelle: eigene Berechnung

die Zinseinnahmen höher als die Inflation waren. Davon wird man natürlich nicht reich. Aber es wird auch kein Vermögen vernichtet. In deinem Alter hatte ich nicht das Glück, ein Bestsellerautor zu sein und ein ansehnliches Anfangskapital zu besitzen. Das hast du ja, auch wenn deine Mama darauf noch den Daumen hält, bis du 18 bist. Klar, je mehr man damals arbeitete und je mehr Glück man hatte, desto mehr Geld konnte man verdienen. Aber mit dem Geldverdienen allein ist es nicht getan. Man gibt ja auch Geld aus – manchmal freiwillig und manchmal notgedrungen. Man hat bestimmte Vorstellungen und Träume, man will eine Familie gründen und Kinder in die Welt setzen. Auch wenn das blöd klingt: Letztlich kommt es nur darauf an, dass man weniger ausgibt, als man verdient. Es gibt Leute, die verdienen im Monat 20.000 Euro und mehr. Trotzdem kommen sie mit ihrem Geld nicht aus, weil sie schlicht und einfach mehr ausgeben, als sie einnehmen.

Kohle verbrennen? Das schafft die Geldentwertung von allein

„Hat dir denn eigentlich jemand beigebracht, wie man mit Geld umgeht?"

Vor allem habe ich mir das von meinen Eltern, also deinen Urgroßeltern abgeschaut. Und wenn ich mal irgendetwas nicht wusste, was anfangs oft vorkommt, habe ich einfach nachgefragt und mit meinem Vater oder mit meiner Mutter darüber geredet. Genau so, wie du das jetzt auch tust. Ich glaube schon, dass die Antworten etwas gebracht haben. Na ja, und dann habe ich nach dem Krieg Volkswirtschaft studiert. Da war das Fach „Geld und Kredit" ein besonderer Schwerpunkt meines Studiums. Wir leben heute in einem der reichsten Länder der Welt. Auch das haben Statistiker, diesmal von der Deutschen Bundesbank, herausgefunden. Jeder private Haushalt in Deutschland hat ein Geldvermögen von rund 115.000

Euro. Wenn du davon die Schulden abziehst, vor allem Immobiliendarlehen, Kleinkredite und andere Verbindlichkeiten, bleiben immer noch etwa 76.000 Euro, das nennt man Nettovermögen.

DIE DEUTSCHEN SIND REICH

Zum Jahresende 2007 hatten die Deutschen nach Abzug von Schulden ein Geldvermögen von 4.560 Milliarden Euro. Es war wie folgt angelegt:

bei Banken	35,7%
bei Versicherungen	26,3%
andere und sonstige Beteiligungen	13,1%
Investmentfonds	11,9%
Renten- und Geldmarktpapiere	7,3%
Pensionsrückstellungen	5,7%

Quelle: Deutsche Bundesbank, Stand: 2007

IMMER MEHR VERMÖGEN JE HAUSHALT

Seit dem Jahr 1997 hat sich das Netto-Geldvermögen (= Brutto-Geldvermögen abzüglich Schulden und Verbindlichkeiten) je Haushalt beinahe verdoppelt.

Jahr	Brutto-Geldvermögen	Netto-Geldvermögen
1997	79.100 Euro	44.500 Euro
1999	91.000 Euro	52.200 Euro
2001	93.700 Euro	53.800 Euro
2003	97.700 Euro	57.400 Euro
2005	107.400 Euro	67.400 Euro
2006	110.900 Euro	71.500 Euro
2007	114.600 Euro	75.800 Euro

Quelle: Deutsche Bundesbank, Stand: 2007

„Wir sollten wirklich mal drüber reden, wie ich so wohlhabend werden kann wie du. Vielleicht schaffe ich es ja, eine Firma zu gründen, mein Geld richtig anzulegen und Millionär zu werden. Wer weiß! Unsere Honorare für die Opa-Bücher sind doch schon mal ein schöner Grundstock! Kann ich aber jetzt die zehn Euro trotzdem haben? Die brauche ich nämlich dringend …"

Natürlich bekommt der Junge wie immer gegen Monatsende seinen zusätzlichen Schein vom Opa. Aber wenigstens heuchelt der Bursche jetzt nicht mehr, dass er mir die zehn Euro wieder zurückzahlen will! Und dass Maximilians Mutter erst mal das verdiente Kapital anspart und dem flotten Ausgeben ein Pflöckchen davorschlägt, finde ich prima. Das gewöhnt den Jungen daran, Geld anzulegen, das man nicht dringend braucht.

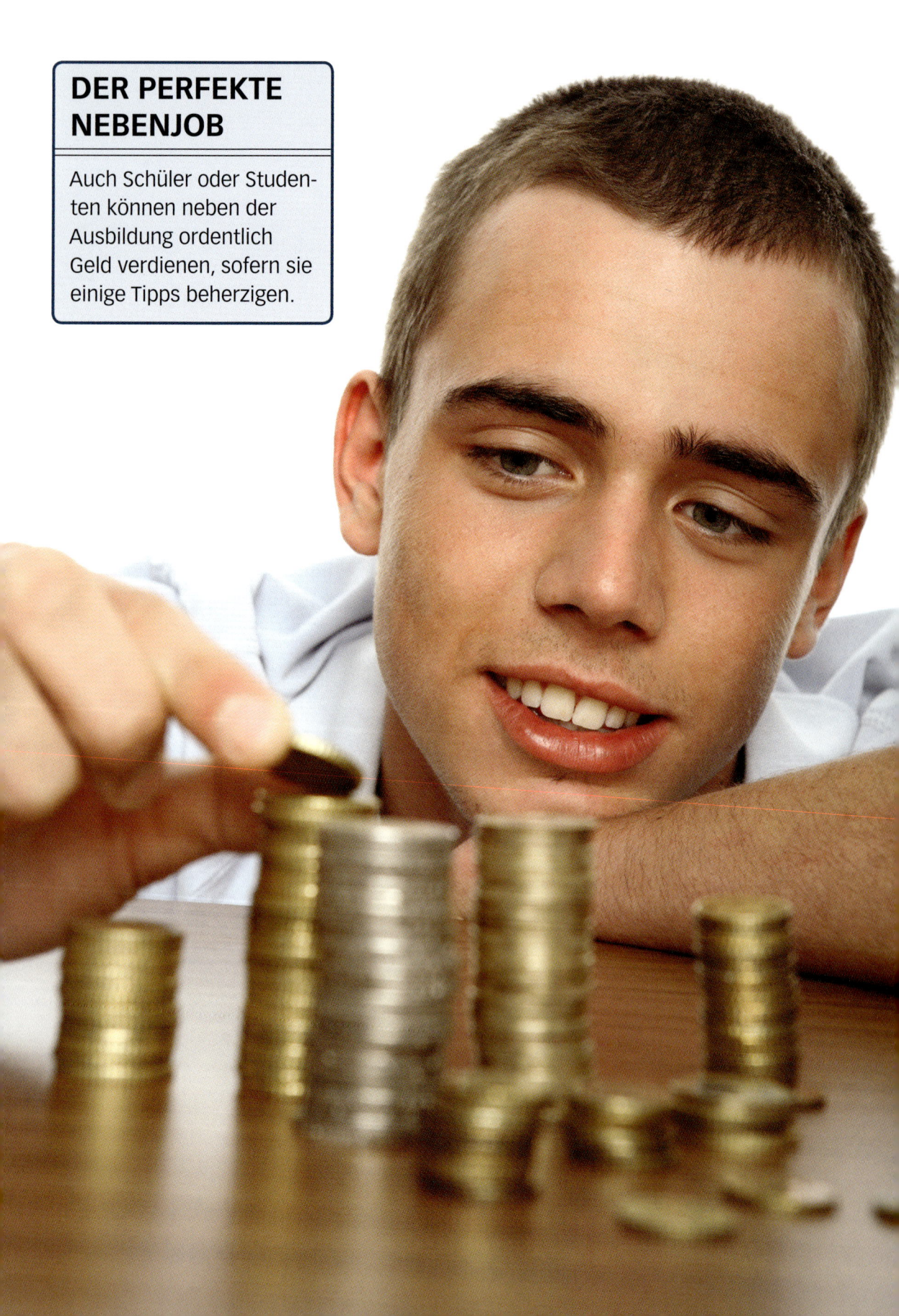

DER PERFEKTE NEBENJOB

Auch Schüler oder Studenten können neben der Ausbildung ordentlich Geld verdienen, sofern sie einige Tipps beherzigen.

Opa, ich möchte nebenbei jobben

Eigene Kohle – selbst erarbeitet

Jeden Freitag ist bei uns gemeinsames Mittagessen mit den in Hamburg wohnenden Enkelkindern. Das ist für den Zusammenhalt der Familie sehr wichtig. Die Omi lockt mit den Lieblingsgerichten der Jungs und Mädchen, und ich kann es mir leisten, mit „Benzingeld" die jungen Autobesitzer etwas zu subventionieren. Nur Maximilian hat noch keinen Führerschein, ist aber aus unerfindlichen Gründen trotzdem immer blank!

„Opa, obwohl so viel Geld von mir auf dem Sparbuch meiner Mutter liegt, habe ich nie genug Geld in der Tasche." Ja, Maxi, das ist genau wie in einer Firma. Das nennt man ein Liquiditätsproblem. Du hast zwar schon festgelegtes Vermögen, aber nicht genug Geld in der Kasse für deine Ansprüche.

„Opa, hast du irgendeine Idee, wie ich nebenbei Geld verdienen und dadurch mein Taschengeld aufbessern kann?"

Was machen denn die Freunde in deiner Schulklasse, wenn sie Geld brauchen?

„Rasen mähen, Nachhilfe geben, Zeitungen austragen. Einige von uns arbeiten auch in den Ferien." Du weißt ja, Maxi, wir haben keinen Rasen, aber deine Mutter in ihrem neuen Haus hat doch einen. Wenn ich mir den so anschaue – der könnte sicher öfter gemäht werden! Die Kosten übernehme ich.

„Opa, einen besseren Rasenmäher als mich findest du bestimmt nirgends."

Ob Holzhacken oder Babysitten: Wer sich etwas dazu verdienen will, sollte einige Regeln beachten

Stimmt, eine prima Idee. Du könntest dich einmal die Woche um den Garten kümmern. Rasen mähen, Unkraut jäten, kehren. Ich nehme an, zwei oder drei Stunden samstags sind ausreichend. Ich mach dafür auch 15 Euro locker. Abgemacht?

„Moment, Opa, nicht so schnell. Wenn ich mir den Garten so ansehe, dann sind das eher drei oder sogar vier Stunden Arbeit für mich. Deine 15 Euro für alles wären dann fünf Euro die Stunde oder noch weniger. Viel ist das ja nicht gerade. Erst recht nicht, weil ich dein Enkel bin. Du willst dich ja nicht an deinem eigenen Fleisch und Blut bereichern!"

Du solltest dich daran gewöhnen, dass es auch bei mir nicht ewig etwas geschenkt gibt. Je früher du das schaffst, desto einfacher hast du es später. Ich habe damals mit 15 Jahren in Estland für zwei Kronen einen ganzen Monat lang für eine alte Dame Holz gehackt und außerdem Wasser aus einem Brunnen gepumpt und es zu einem Bottich in der Küche geschleppt. Gut, das waren andere Zeiten. Aber ich finde, dass heute fünf Euro die Stunde gar nicht so schlecht sind. Die sind nämlich netto. Du bezahlst bei mir keine Steuern und keine Sozialabgaben, also Beiträge für die gesetzliche Kranken- und Rentenversicherung. Die 15 bekommst du cash in die Kralle!

„Das hört sich schon besser an, wenn ich mir bei dir jede Woche was netto dazuverdienen kann. Vielleicht schaff ich das ja auch ein paar Wochen in den Ferien."

Nun ja, so schnell wächst das Gras nicht, dass du jeden Tag in den Ferien den Rasen mähen müsstest. Du solltest dich also irgendwo anders um einen Ferienjob kümmern. Das machen ja auch andere aus deiner Schule. Allerdings darfst du bei einem Ferienjob nicht tun und lassen, was du willst.

„Was heißt das denn schon wieder?"

FERIENJOBS – WAS IST ERLAUBT UND WAS NICHT?

Nach dem Jugendschutzgesetz ist die Beschäftigung von Jugendlichen, die noch zur Schule gehen, generell verboten. Jobben ist aber erlaubt.

13- und 14-Jährige dürfen täglich zwei Stunden leichte Aushilfsjobs übernehmen, zum Beispiel Prospekte austragen. Die Arbeit darf ihre Gesundheit nicht gefährden. Sie selbst dürfen darüber die Schule nicht vernachlässigen. Und die Eltern müssen grundsätzlich zustimmen.

15- bis 17-Jährige dürfen bis zu acht Stunden an Werktagen arbeiten, maximal 40 Stunden in der Woche und 20 Arbeitstage Vollzeit im Jahr. Gearbeitet werden darf zwischen sechs und 20 Uhr. Schwere Lasten schleppen oder andere gefährliche Arbeiten sind verboten, ebenso regelmäßige Arbeiten bei Hitze, Kälte, Nässe oder Lärm.

Volljährige Schüler und Studenten dürfen als Erwachsene bis zu 50 Tage im Jahr oder zwei Monate am Stück arbeiten. Alles, was darüber hinausgeht, ist kein Ferienjob mehr, sondern schon eine „geringfügige Beschäftigung", beispielsweise ein Minijob.

Das heißt, dass der Gesetzgeber Kinder und Jugendliche vor Ausbeutung durch zu viel Arbeit und davor, dass sie ausgenützt werden, schützen will. Wie viel du tatsächlich pro Tag und pro Woche bei einem Ferienjob arbeiten darfst, hängt von deinem Alter ab.

„Du hast von Steuern und Abgaben geredet. Kriege ich Geld, das ich bei einem Ferienjob verdiene, nicht einfach ausgezahlt? Mama und Papa sagen, solange ich noch zur Schule gehe, bin ich bei ihnen krankenversichert. Und um die Rente brauche ich mich doch noch nicht zu kümmern."

Also, ob und was du für deine Rente tun musst, darüber können wir später noch reden. Zuerst mal zu den Ferienjobs. Leider ist es hier manchmal komplizierter, als du denkst. Und das hat nichts mit dem Chef zu tun, für den du in den Ferien arbeitest, sondern mit den Gesetzen. Und darin steht, ob und wie viel Steuern und Sozialbeiträge du auch als Ferienjobber zahlen musst. Schon bei einem „normalen" Ferienjob will das Finanzamt Geld, bei den Sozialbeiträgen bist du allerdings fein raus. Anders sieht es allgemein bei einem „Minijob" und konkret bei einem Minijob in einem Privathaushalt aus. Da wird es manchmal sowohl steuerlich als auch in puncto Sozialbeiträge ziem-

FERIEN- ODER MINIJOB?

Job ist nicht gleich Job. Gesetzgeber und Finanzamt machen da Unterschiede – was den Nettoverdienst erheblich beeinflussen kann. Eine Übersicht.

Welcher Job?	Wie viel Steuern?	Wie viel Beiträge zur Sozialversicherung?
Ferienjob („kurzfristige Beschäftigung")		
Gearbeitet wird nicht mehr als 50 Tage im Jahr oder zwei Monate am Stück (Fünf-Tage-Woche).	Der Arbeitgeber zieht pauschal 25 Prozent vom Bruttolohn ab. Tipp: Wird eine Lohnsteuerkarte eingereicht, kann der Ferienjobber individuell besteuert werden und sich ggf. Lohnsteuer vom Finanzamt zurückholen.	Beitragsfrei für den Ferienjobber und den Arbeitgeber.
Minijob („geringfügige Beschäftigung")		
Minijobber dürfen nur 400 Euro im Monat verdienen, egal wie lange sie arbeiten.	Minijobber brauchen keine Lohnsteuerkarte. Der Arbeitgeber zahlt zwei Prozent Lohnsteuerpauschale.	Beitragsfrei für den Minijobber. Der Arbeitgeber zahlt abhängig vom Monatslohn 13 Prozent Pauschalbeitrag für die Krankenkasse, 15 Prozent für die Rentenversicherung und zwei Prozent Steuerpauschale.
Minijob im Privathaushalt („geringfügige Beschäftigung")		
Zum Beispiel Haushaltshilfen oder Kinderbetreuer.	Siehe oben.	Beitragsfrei für den Minijobber. Der private Arbeitgeber zahlt fünf Prozent Krankenversicherung, fünf Prozent Rentenversicherung und zwei Prozent Steuerpauschale.

lich kompliziert. Grundsätzlich gilt: Auch als Schüler kriegst du fast immer netto weniger raus, als du brutto verdienst.

„Wenn ich mir das so richtig überlege, bleibt von dem Geld, das ich in den Ferien verdiene, eigentlich nicht viel übrig. Gibt es keine Möglichkeit, viel Geld mit wenig und ganz einfacher Arbeit zu verdienen?"

Da wünsche ich dir wirklich Glück bei der Suche. Die Wahrscheinlichkeit, viel Geld im Lotto zu gewinnen, ist beinahe genauso groß. Aber mal im Ernst: Es zwingt dich keiner dazu, für fünf Euro die Stunde bei mir den Rasen zu mähen. Verschaff dir doch einfach mal einen Überblick, wie viel man mit welcher Arbeit verdienen kann. Ich würde die Stellenannoncen in der Zeitung lesen oder auch mal bei der Arbeitsagentur, also beim Arbeitsamt, vorbeigehen. Da gibt es, soweit ich weiß, eine Abteilung, die nur Jobs für Schüler und Studenten vermittelt.

„Stellenanzeigen ohne Ende. Hör dir die mal an, Opa!"

„Kann ich nicht schwarz arbeiten, Opa? Dann spare ich mir den ganzen Mist an Steuern und Abgaben!"

Na ja, Maxi, du weißt, dass das überhaupt nicht legal ist. Vor allem zahlt die Versicherung nicht, wenn dir dabei mal was passieren sollte.

„Guter Punkt. Was ist eigentlich, wenn mir bei einem Ferienjob was passiert? Ich vom Auto angefahren werde oder hinfalle und mir den Arm breche?"

Da brauchst du dir praktisch keine Sorgen zu machen, wenn du nicht schwarz arbeitest. Denn Schüler wie du und genauso Studenten sind während der Schulzeit und in der Uni gesetzlich gegen Unfälle versichert. Und zwar durch die Schüler-Unfallversicherung – und das obendrein kostenlos. Das gilt dann auch für einen Ferienjob oder ein Praktikum. Der Versicherungsschutz beginnt am ersten Arbeitstag und gilt nicht nur in der Firma selbst, sondern auch auf dem Weg dorthin und zurück nach Hause. Prima ist, dass du dich dabei um nichts zu kümmern brauchst. Denn du bist über den Träger der Unfallversicherung deines Chefs versichert. Das ist also entweder eine Berufsgenossenschaft oder eine Unfallkasse. Und genauso toll ist, dass dich das alles überhaupt nichts kostet. Allein dein Ferienjob-Arbeitgeber muss zahlen. Er übernimmt auch deine Anmeldung beim Träger der Unfallversicherung.

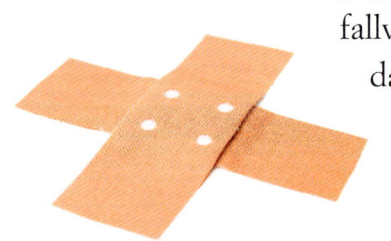

Praktisch: die betriebliche Unfallversicherung hilft im Fall der Fälle und kostet nichts

„Was ist, wenn ich krank werde? Verlier ich dann den Job?"

Da kann ich dich weitgehend ebenfalls beruhigen. Auch als Ferienjobber hast du bestimmte Arbeitnehmerrechte. Zum Beispiel den gesetzlichen Anspruch auf Pausen, auf Urlaub und selbst auf Lohnfortzahlung bei Krankheit. Allgemein ist der Ferienjob ein befristetes Arbeitsverhältnis, für das die gesetzlichen Regelungen, Tarifverträge zwischen den Arbeitgeberverbänden und den Gewerkschaften oder aber besondere Betriebsvereinbarungen genauso gültig sind wie für einen „normalen" Job, der nicht bloß auf die Ferienzeit beschränkt ist.

„Und was ist mit den Krankenversicherungsbeiträgen?"

Der Bursche fängt an, zu nerven. Aber man ist ja in meinem Alter geduldig und so antworte ich auch auf diese Frage:

Da haben wir eben schon drüber gesprochen. Ferienjobs werden als „kurzfristige Beschäftigung" bezeichnet, wenn du nicht mehr als 50 Tage im Jahr oder zwei Monate am Stück bei einer Fünf-Tage-Woche arbeitest. Dann zahlen weder dein Chef noch du Sozialbeiträge. Ein wenig anders sieht es bei den Minijobs aus, über die wir eben ebenfalls geredet haben.

„Muss ich meine Eltern fragen, um nebenher zu jobben?"

Das sind ja ganz neue Töne, Maxi! Seit wann fragst du deine Eltern um Erlaubnis, wenn du etwas tun willst! Aber du brauchst es mit deinen 17 Jahren nicht mehr, weil du ein Jugendlicher bist. Kinder, die 13 und 14 Jahre alt sind, müssen die Zustimmung ihrer Eltern für einen Neben- oder Ferienjob haben!

„Soll ich mir mein Geld jedes Mal auszahlen lassen? Oder eher ein Konto eröffnen? Das finde ich ziemlich kompliziert. Das Sperrkonto, auf das meine Buchhonorare überwiesen werden, hat Mama eingerichtet, und zwar so, dass ich da nur mit ihrer Einwilligung rankann. Stinkt mir ab und zu schon sehr!

Also ich glaube nicht, dass dir irgendjemand dein Geld bar oder in einem Briefumschlag in die Hand drückt. Ich halte es schon für sinnvoll, dass du dir ein Girokonto bei der Bank oder Sparkasse einrichtest. Dann wirst du auch deine Ausgaben weit besser im Griff haben. Viel Bargeld in der Tasche verführt oft zu unnötigen Ausgaben. Wenn du aber erst Geld vom Konto abheben musst, dann ist das wie ein erhobener Zeigefinger. Vielleicht überlegst du dir dann eher, ob die Ausgaben überhaupt nötig sind.

„Den erhobenen Zeigefinger von Erwachsenen mag ich besonders…"

Ausgeben ist erlaubt, der Rest kommt aufs Konto – wenn man eins hat

NICHT GLEICH DAS ERSTBESTE NEHMEN

Bei der Wahl des eigenen Kontos lohnt sich ein Vergleich der Konditionen auf jeden Fall.

Brauche ich ein eigenes Konto, Opa?

Nicht nur Bares ist Wahres

„**Opa, hör mal zu**. Meine Eltern nerven mich schon seit einiger Zeit, ich soll mir bei der Sparkasse endlich ein eigenes Konto einrichten. Für die paar Euro Taschengeld, die ich im Monat bekomme, ist das doch wirklich nicht nötig. Außerdem ist mir das viel zu lästig, auf die ganze Lauferei habe ich wirklich keinen Bock."

Ein Girokonto ist sicherer als die Hosentasche

Hätte ich in deinem Alter auch nicht gehabt. Aber ohne Konto geht gar nichts. Deshalb wirst auch du früher oder später eins haben müssen. Das ist bequem und obendrein sicher. Willst du wirklich ein paar Hundert Euro mit dir herumtragen, wenn du dir einen DVD-Player kaufen möchtest? Stell dir vor, du verlierst das ganze Geld oder es wird dir aus der Hosentasche geklaut. Da ist es doch sicherer, größere Anschaffungen mit der EC-Karte oder der künftigen „girocard" zu bezahlen. Oder denke einmal an regelmäßige Ausgaben. Etwa das Abo deiner Computerzeitschrift, die Handyrechnung, oder aber wenn du zum Beispiel über eBay irgendetwas ersteigerst. Da ist es wirklich sicherer und bequemer, alles bargeldlos per Überweisung oder Lastschrift zu machen. Außerdem glaube ich, und jetzt kommt wieder der pädagogische Zeigefinger, dass gerade junge Leute in deinem Alter schnell den Überblick über das eigene Geld verlieren. Besonders wenn sie bar zahlen. Hier drei Euro dafür, da fünf Euro für etwas anderes. Und schon ist nach zwei Wochen das Taschengeld für den ganzen Monat futsch. Das Konto bei einer Bank oder Sparkasse hat deshalb auch einen erzieherischen Einfluss. Vielleicht überlegst du dir häufiger, ob dies oder das wirklich nötig ist. Außerdem siehst du am Monatsende auf deinen Kontoauszügen, wofür das Geld rausgegangen ist. Da erlebt man schnell sein blaues Wunder, was übrigens nicht nur für Jugendliche, sondern viel häufiger noch für uns Erwachsene gilt.

„Irgendwie hast du recht. Vielleicht sollte ich ein Girokonto eröffnen. Wenn das nur nicht so ätzend umständlich wäre!"

Umständlich ist das, da gebe ich dir recht, aber im Grunde ist die Eröffnung eines Girokontos auch nicht schwierig. Du brauchst deinen Personalausweis oder den Reisepass mit einer Meldebestätigung vom Einwohnermeldeamt. Du gehst zu deiner Sparkasse oder Bank, schnappst dir dort irgendeinen Mitarbeiter und sagst ihm, was du möchtest. Normalerweise hilft man dir dann beim Ausfüllen des Kontoeröffnungsantrags. Zum Schluss musst du den nur noch unterschreiben. Ein Exemplar des Antrags bleibt bei der Bank, ein anderes bei dir zum Abheften.

„Und das kann ich allein machen – ohne meine Eltern"?

Nicht ganz. Jugendliche unter 18 Jahren brauchen die Zustimmung ihrer Eltern, um ein Girokonto zu eröffnen. Und da du keine 18 bist, kannst du es allein nicht. Entweder du wartest bis zur Volljährigkeit und bist dann dein eigener Herr. Oder du fragst eben deine Mutter, ob sie jetzt mit zur Bank kommt. Da fällt mir noch etwas ein: Zwar sind Kinder und Jugendliche bei Banken und Sparkassen sehr beliebt. Trotzdem kommt es vor, dass man dir oder deinen Freunden kein Girokonto geben möchte. Und manchmal sind die Damen und Herren auch nicht besonders geduldig. Dagegen kannst du dann angehen bei der zuständigen Kundenbeschwerdestelle. An wen du dich da wenden musst, findest du gesammelt im Internet unter **www.zka.de.**

„Dann gehe ich am besten mal zu der Sparkasse, wo meine Mutter Kunde ist und ich das Sperrkonto mit meinen Autorenhonoraren habe."

Klar, das kannst du machen. Aber ob das so günstig ist, wirst du dann sehen.

Der „Zentrale Kredit-ausschuss".
Hier kann man sich beschweren

„Was soll das denn schon wieder heißen? Eben hast du mir dringend geraten, schnell ein Girokonto zu eröffnen. Und jetzt stimmt das nicht mehr?"

Du hast mir nicht ganz richtig zugehört, glaube ich. Ein Girokonto zu haben, ist natürlich auf jeden Fall empfehlenswert. Was ich meinte, ist: Du musst nicht unbedingt zu deiner Hausbank, sondern kannst auch zur Konkurrenz gehen. Die Banken und Sparkassen haben doch nichts zu verschenken. Du bist ein junger Kunde, mit dem die Institute trotzdem möglichst viel Geld verdienen wollen. Also sind die Gebühren, die du für ein eigenes Girokonto zahlen musst, ziemlich wichtig. Auch deshalb, weil du noch gar nicht viel Geld hast. Die wichtigste Frage lautet also: Welche Leistungen bekomme ich für mein Geld? Du würdest doch auch keinen Handyvertrag abschließen, wenn du pro SMS 30 Cent zahlen müsstest, bei einem anderen Provider aber nur zehn Cent, oder?

Es kommt also überall auf das Preis-Leistungs-Verhältnis an. Dir muss klar werden, was du alles haben möchtest oder was zum Beispiel ein CD-Player können muss. Danach entscheidest du, wie viel Geld du dafür bezahlen willst. Und dann suchst du dir eben jemanden, hier also eine Bank oder Sparkasse, die für dich offensichtlich das beste Preis-Leistungs-Verhältnis hat.

„Wenn ich dich richtig verstehe, heißt das: Ich muss einmal überlegen, was ich bei einem Girokonto alles brauche?"

Anbieter	Für 1.000 €	Für 50.000 €
TAGESGELD		
Kaupthing	5,65%	5,65%
ICICI Bank	4,75%	4,75%
Comdirect[1]	4,75%	3,80%
1822direkt[1]	4,30%	4,30%
Norisbank	4,25%	4,25%

Quelle 28.04.2008:
www.capital.de/zinsticker
[1] Für Neukunden

Geldanlage:
Vergleichen lohnt
sich bei den Zinsen!

Ganz genau. Da gibt es ein paar Kriterien, die dazugehören. Etwa die Kosten für die Kontoführung oder wo die nächste Filiale ist.

„Was ich nicht verstehe: Sobald ich Geld auf meinem Konto habe, kann die Bank doch damit arbeiten und daran verdienen. Wieso muss ich dann eigentlich noch Gebühren zahlen?"

Das ist eine gute Frage. Du darfst aber nicht vergessen, dass im Hintergrund Menschen und Maschinen arbeiten, also Computer und Angestellte, damit dein Konto ordentlich geführt wird. Deine Bank oder Sparkasse hat Kosten. Sie investiert in teure Technik, muss die Gehälter ihrer Angestellten bezahlen und will selbst auch noch etwas verdienen. Und die Führung eines Girokontos ist ja nicht gerade einfach, weil da eine Reihe unterschiedlicher Arbeitsgänge zusammenkommen. Deshalb ist es schon verständlich, wenn Banken und Sparkassen dafür Gebühren verlangen. Sie sollten allerdings die Kirche im Dorf lassen und nicht so kräftig zulangen wie früher, als die Kontoführungsgebühren ziemlich üppig waren.

WAS BIETET DIE BANK BEIM GIROKONTO?

Teuer, durchschnittlich oder preiswert? Jugendliche, die ein Girokonto eröffnen wollen und das passende Institut suchen, sollten vorher folgende Fragen klären:

- **Wie viel kostet die Kontoführung?**
- **Welche Leistungen sind in diesem Preis enthalten?**
- **Gibt es Zinsen für Guthaben auf dem Girokonto?**
- **Falls ja, wie hoch sind sie?**
- **Besteht ein – zumindest telefonischer – 24-Stunden-Service?**
- **Bietet das Institut eine Online-Kontoführung über das Internet an?**
- **Falls ja, sind damit Kosten- bzw. Gebührenvorteile verbunden?**
- **Kann man eine tagesaktuelle Übersicht über alle Konten, die laufenden Kredite und Kreditkarten im Internet abrufen?**
- **Wie gut ist die Sparkasse bzw. die Bank zu erreichen?**
- **Wie viele Geldautomaten stehen zur Verfügung?**
- **Wie viel kostet ein Dispo-Kredit?**

„Moment mal, Opa. Andauernd sehe ich die Werbung von einigen Banken oder auch Sparkassen, dass ich dort ein Girokonto völlig ohne Gebühren bekomme. Manchmal kriege ich sogar noch ein paar Euro extra, wenn ich ein Konto einrichte. Da wäre ich doch schön blöd, wenn ich ausgerechnet bei einer Bank oder Sparkasse ein Konto eröffnen würde, die dafür Geld verlangt. Warum gibt es eigentlich solche Konten, die keinen Cent kosten?"

Eigentlich spielen die Geldhäuser auf Zeit. Das heißt: Hinter einem gebührenfreien Girokonto steht eine einfache Kalkulation. Banken und Sparkassen hoffen nämlich, dass junge Leute wie du, sobald sie dort erst einmal ein Girokonto eröffnet haben, Jahre und Jahrzehnte treu bleiben und so zu lukrativen Kunden werden.

WELCHE KOSTEN FALLEN BEI EINEM GIROKONTO AN?

Banken und Sparkassen verlangen für die Dienstleistungen, also auch für die Kontoführung, Gebühren. Wie viel die Führung eines Girokontos kostet, muss laut Preisangabenverordnung seit März 1985 gut sichtbar im Schalterraum und im Schaufenster einer Bank- oder Sparkassenfiliale ausgehängt werden. Die wichtigsten Kostenposten im Überblick:

Monatlicher Grundpreis	Für die Bereitstellung des Kontos und den Bestand. Preis kann alle Buchungsvorgänge abdecken oder auch nicht.
Buchungspostenpreis	Im Grundpreis enthalten oder nicht. Häufig sind einige Freiposten gewährt. Buchungsposten sind: Überweisungen, Gutschriften, Bar- aus- und -einzahlungen, Lastschriften.
Daueraufträge	Die Kosten für Einrichtung, Änderung, Löschung können im Grundpreis enthalten sein.
Vordrucke	Für Überweisungen und Scheckformulare ist manchmal extra zu bezahlen.
EC-Karten	Meist in den Paketpreisen enthalten.
Kreditkarten	Meist ist eine Jahresgebühr zu zahlen, die der Grundpreis nicht abdeckt.
Dispositionszinsen	Für das Überziehen des Kontos zahlt man extra. Noch mehr, sobald auch der Dispositionsrahmen überzogen wird.

„Das verstehe ich nicht ganz. Eben hast du gesagt, dass die Banken Kosten haben bei der Verwaltung eines Girokontos. Wenn ich aber als Kunde 20 oder 30 Jahre lang nichts zahle, machen die doch dicke Verluste mit mir."

Das stimmt. Aber so richtig wirklichkeitsnah ist das nicht. Banken und Sparkassen machen nämlich regelmäßig Marktforschungen und statistische Erhebungen. Aus diesen Untersuchungen wissen sie, dass es meist bei einem simplen Girokonto nicht bleibt. Wenn junge Leute erst einmal älter werden, einen festen Job und ein geregeltes Einkommen haben, stehen weitere Bankgeschäfte an. Man braucht Versicherungen, man will etwas für die Altersvorsorge tun, man möchte sein Geld anlegen. Die dazu passenden Produkte bietet jede Bank und jede Sparkasse. Die Spekulation ist doch ganz klar: Die Institute hoffen, dass sie dir später Finanzprodukte verkaufen können, an denen sie dann richtig Geld verdienen. Und zwar wirklich richtig, glaube mir. Wenn du also zu einem guten Kunden wirst, vielleicht sogar später deine Wohnung mit einem Darlehen finanzierst, lässt sich das gebührenfreie Girokonto von heute prima verschmerzen. Du brauchst dir also keine Sorgen zu machen, dass die Leute in deiner Sparkasse am Hungertuch nagen, nur weil du nichts für dein Girokonto bezahlst.

„Aber ich muss das doch später nicht machen, also irgendwelche Verträge abschließen, damit meine Bank endlich Geld an mir verdient, oder?"

Dazu kann dich selbstverständlich keiner zwingen. Und das wird übrigens auch keiner von dir verlangen. Du solltest sowieso in ein paar Jahren selbst überlegen, welche Versicherungen du wirklich brauchst, welche du möchtest und wie es mit deiner privaten Altersvorsorge ausschaut. Und dann kommt es natürlich sehr darauf an, wie viel Geld du verdienst und wie viel Geld du übrig hast. Sobald das geklärt ist, solltest du die Angebote, die dir Banken, Sparkassen, Fondsgesellschaften, Versicherungen und Bausparkassen machen, sorgfältig miteinander vergleichen. Ich weiß nämlich aus eigener Erfahrung, dass die Hausbank mit ihren Angeboten nicht unbedingt das beste Preis-Leistungs-Verhältnis hat. Oft bekommst du für dein Geld anderswo mehr. Bei Finanzprodukten ist das nicht anders als bei Handys, DVDs und, und, und.

Der gute alte Taschenrechner hilft beim Sichten der Angebote

Wenn du genau die Preise vergleichst, kannst du häufig viel Geld sparen.

„Einmal etwas anderes. Darf ich von meinem Konto so viel Geld abheben, wie ich will?"

Kommt darauf an, was du mit deinen Eltern und deiner Bank abgesprochen hast. Wir hatten uns ja eben schon darüber unterhalten, dass Jugendliche unter 18 die Erlaubnis ihrer Eltern brauchen, um ein Girokonto einzurichten. Mutter oder Vater müssen also mit zur Bank gehen, damit alles funktioniert. Und dann klärt ihr gemeinsam mit dem Bankberater, ob du unbegrenzt Geld abheben darfst. Oder aber, ob deine Abhebungen einen bestimmten Betrag, auf den ihr euch einigt, nicht übersteigen dürfen. Ich kann dir nur empfehlen, zu deiner eigenen Sicherheit da bestimmte Grenzen zu ziehen.

Wieviel der Geldautomat ausspuckt, hängt nicht nur vom Kontostand ab, sondern auch von den Vereinbarungen mit der Bank

Sagen wir einmal, das Limit soll bei 30 oder 40 Euro liegen. Ansonsten verlierst du schnell den Überblick. Außerdem willst du bestimmte Dinge nicht bar, sondern direkt vom Konto durch Überweisung oder Lastschrift zahlen. Du musst also damit rechnen, dass deine Handygebühren oder dein Zeitschriftenabo zu einem bestimmten Tag abgebucht werden. Es wäre dann blöd, wenn du vorher Geld abgehoben hättest und nicht mehr genug auf dem Konto ist. Du hättest dann garantiert Stress und deine Eltern ebenfalls.

„Dann überziehe ich mein Konto halt. Das ist doch nicht weiter schlimm, weil das jeder macht …"

Ich höre wohl nicht richtig! Dann gibt es Ärger. Ich kenne deine Eltern gut. Da werden sie einen Riegel vorschieben.

„Jetzt stell dich doch nicht so an. Viele Leute haben heute Schulden."

Ja, das ist heute eine andere Welt, denke ich bei mir. Ich bin jetzt 63 Jahre verheiratet, und ich kann mich nicht erinnern, jemals länger als ein paar Tage auf meinem Girokonto den Dispositionskredit in Anspruch genommen zu haben. Aber der Staat macht es der jungen Generation ja vor, wie bequem es ist, auf Pump zu leben. Ich versuche also, dem Jungen das Problem mit Einfühlungsvermögen nahezubringen.

Klar, auch du wirst später wahrscheinlich Schulden haben. Aber lass es mich mal einfach erklären. Selbst wenn es recht simpel klingt und in Wahrheit sicher komplizierter ist. Ich unterscheide immer zwischen „guten" und „schlechten" Schulden. Völlig überflüssig und deshalb schlecht sind – es sei denn, es geht wirklich nicht anders – Schulden für den Konsum. Also alles Mögliche auf Pump zu kaufen – die Möbel, den Flachbildfernseher, dreimal Mallorca-Urlaub im Jahr und, und, und. Leider gibt es Millionen Menschen, die das tun und die deshalb eigentlich pleite sind. Als „gute" Schulden hingegen bezeichne ich solche, die eine Investition ermöglichen und die dir irgendwann einmal Geld einbringen oder ein Vermögen bescheren. Das beste Beispiel ist ein Immobiliendarlehen. Irgendwann, wenn du älter bist, wirst du dir eine Eigentumswohnung oder sogar ein Haus kaufen. Einen Teil des Kaufpreises hast du vielleicht schon angespart. Den großen Rest holst du dir als Hypothekendarlehen von deiner

Zu wenig Taschengeld? Gegen die tägliche Insolvenz hilft ein Nebenjob

Bank oder Sparkasse, die dein Kaufobjekt als Sicherheit nimmt. Diesen Kredit zahlst du Monat für Monat in kleinen Schritten zurück, bis er irgendwann weg ist. Am Ende hast du dann eine schuldenfreie Immobilie, brauchst keine Miete zu zahlen und hast deshalb viel Geld gespart. Solche Schulden – wenn man sie denn einmal so nennen darf – sind sinnvoll, weil sie letztlich für Zukunftsinvestitionen gedacht sind. Wenn du dir allerdings auf Pump einen DVD-Player kaufst, ist das Geld sozusagen weg, weil es in sechs Monaten schon ein viel besseres Gerät gibt.

„Habe ich das richtig verstanden, dass ich zu meinem Girokonto eine EC-Karte bekomme, mit der ich am Automaten Geld holen oder zum Beispiel bei Media Markt oder Saturn meine DVD zahlen kann?"

Ja, das stimmt. Die EC-Karte gehört zum Standard eines Girokontos. Sie gibt es also automatisch dazu. Es sei denn, du verzichtest ausdrücklich darauf. Aber warum solltest du das? Noch

Den Traum vom Eigenheim träumen viele – doch die meisten müssen für die Erfüllung einen Kredit aufnehmen

ein kleiner Hinweis: Die Banken und Sparkassen machen gerade eine Umstellung bei diesen kleinen Plastikkärtchen. Bis zum Jahr 2011 wird die EC-Karte abgelöst durch die sogenannte „girocard". Wenn du also dein Girokonto eröffnest, frage einfach mal danach. Dann brauchst du das nicht später tun.

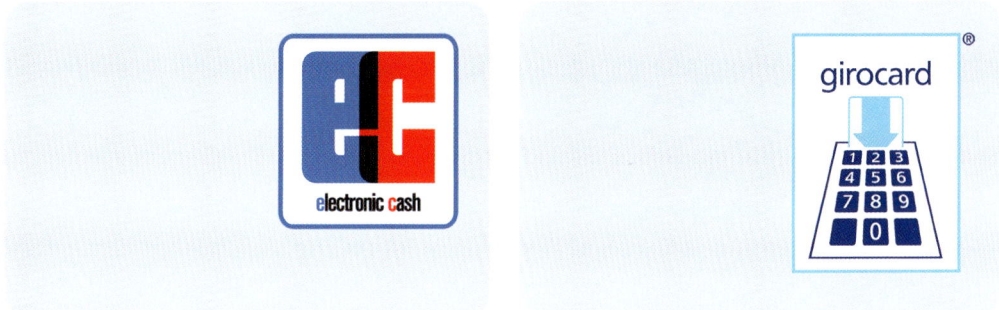

„Was mir noch einfällt: Ist so eine EC-Karte beziehungsweise die ‚girocard' eigentlich sicher? Oder kann sich jeder bei meinem Konto bedienen?"

Eigentlich sind die Karten ziemlich sicher. Falls du denn sorgfältig damit umgehst.

„Also nicht knicken oder so?"

Das wäre noch das geringste Problem. Falls die Karte kaputt ist und der Magnetstreifen nicht mehr abgetastet und gelesen werden kann, bekommst du halt eine neue. Viel wichtiger ist, die Karte nicht zu verlieren. Und dass sie dir nicht gestohlen wird.

„Ich habe gehört, dass die Bank oder Sparkasse dann den Schaden übernimmt…"

Es ist köstlich, wie blauäugig unser Nachwuchs den Banken vertraut. Hier muss ich deinen Optimismus etwas bremsen, denn du täuschst dich leider. Wenn dein Plastikkärtchen gestohlen und dein Konto dann auch leer geräumt wird, kann das normalerweise nur passiert sein, wenn der Dieb deine vierstellige Geheimzahl kennt, die PIN. Und dann wird ge-

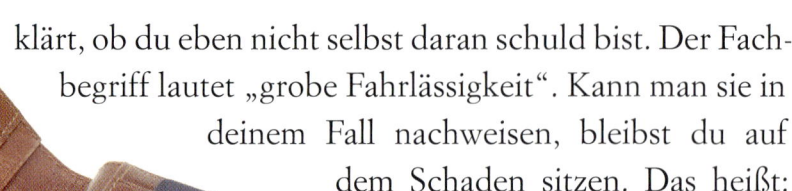

klärt, ob du eben nicht selbst daran schuld bist. Der Fachbegriff lautet „grobe Fahrlässigkeit". Kann man sie in deinem Fall nachweisen, bleibst du auf dem Schaden sitzen. Das heißt: Deine Bank übernimmt dann keinen Cent von dem Geld, das dir irgendein Krimineller von dem Konto heruntergeholt hat.

„Und wann war ich grob fahrlässig?"

Sobald man dir die Plastikkarte und die PIN gleichzeitig gestohlen hat. Das heißt: Du handelst grob fahrlässig, wenn du Karte und PIN in unmittelbarer Nähe zueinander aufbewahrst und es so einem Dieb denkbar einfach machst, dein Konto leer zu räumen. Dann ersetzt dir deine Bank oder Sparkasse von dem finanziellen Schaden keinen müden Cent, das ist dann alles deine Sache. Wegen solcher Streitfälle wird oft prozessiert. Mittlerweile gibt es zahlreiche Gerichtsurteile, auch vom höchsten deutschen Zivilgericht, dem Bundesgerichtshof, bei denen Bankkunden leer ausgegangen sind. Will heißen: Man konnte ihnen mit einiger Sicherheit grob fahrlässiges Verhalten nachweisen.

„Was soll ich tun, wenn mir die EC-Karte geklaut wird?"

Es gibt sowohl für EC-Karten als auch für Kreditkarten eine zentrale Notrufnummer, die du sogar vom Ausland aus erreichen kannst. Da rufst du einfach an und lässt die Karte sperren, falls du sie verloren hast oder sie dir gestohlen wurde. Das kostet dich nur einen Anruf, aber schützt dich davor, dass jemand dein Konto leer räumt. Die Nummer von Deutschland aus lautet: 116 116. Vom Ausland aus wählst du +49 116 116.

„Kann ich mein Konto auch per Telefon oder über das Internet führen?"

Klar, so kannst du sogar noch weitere Kosten sparen, falls das Girokonto nicht sowieso gebührenfrei ist. Und es ist sowieso das Bequemste.

„Aber ist das nicht viel zu gefährlich? Man hört doch andauernd von Hackern, die sich einschleichen und dann die Konten abräumen."

Hier gilt das Gleiche, was ich für die EC-Karte gesagt habe. Die Banken investieren ungeheuer viel Geld in die Sicherheit. Du als Bankkunde musst allerdings auch deinen eigenen Beitrag dazu leisten. Also, auf deinem Computer immer eine neue Antiviren-Software haben und nicht irgendwelche dubiosen Mails mit Anhang öffnen. Das sind dann meistens Trojaner, mit denen deine Geheimzahlen und sonstigen Angaben zum Online-Konto abgefragt werden. Auch hier gilt: Wenn man dir grobe Fahrlässigkeit nachweisen kann, bleibst du auf dem Schaden sitzen.

Ich schmeiße meinen PC an, um Maximilian auch einmal stolz vorzuführen, dass ich Homebanking inzwischen wie im Schlaf beherrsche. Wie man es auf dem häuslichen Computer einrichtet, hatten wir in unserem Internet-Buch beschrieben –

In manchen Fällen würde der Gesetzgeber sagen: „grob fahrlässig". Und alle anderen: „schön blöd"

ohne dass sich der Junge damals eigentlich für ein eigenes Konto interessierte.

Weißt du noch, wie wir damals bei Google zum ersten Mal das Wort „Haspa" eingaben und dann zusammen darüber berichteten, wie ich das Onlinebanking bei meiner Hamburger Sparkasse beantragt und installiert habe?

„Ja, Opi, du bist der Größte! Aber ich habe noch eine andere Frage."

Ist doch ein frecher Hund, dieser lange Lulatsch! Aber ich lasse mir nichts anmerken und höre mir geduldig die nächste Frage an.

„Nützt es eigentlich, wenn ich Testberichte in der Presse lese oder beim Verbraucherschutz nachfrage, bei welcher Bank ich das beste Konto finde?"

Das solltest du tun, dabei allerdings darauf achten, dass

Homebanking.
*„Opa beherrscht
es im Schlaf"*

die Bank oder Sparkasse halbwegs in der Nähe eine Filiale hat. Was nützt dir ein günstiges Angebot, wenn du in Köln wohnst, die Bank aber in Dresden oder Bremen ist?

„Du sprachst vorhin von ‚guten' Schulden. Also wenn ich mir beispielsweise später eine Wohnung kaufen möchte und dafür – wie sagtest du? – ein ‚Hypothekendarlehen' aufnehmen muss. Das interessiert mich jetzt. Denn allzu lange will ich wohl nicht mehr bei meinen Eltern wohnen. Spätestens nach dem Abitur, wenn ich studiere, will ich auch meine eigene Bleibe haben."

DER AUSZUG RÜCKT NÄHER

Ob noch dieses Jahr oder erst während des Studiums – irgendwann ist das Leben daheim bei den Eltern Vergangenheit.

Weg von daheim – die erste eigene Bude

Wohnung finden – Kosten planen

„Sag mal, Opa – als du so alt warst wie ich, hast du da auch öfter mit deinen Eltern Zoff gehabt?"

Also allein die Vorstellung, mit den Eltern zu streiten, wäre mir vor 70 Jahren überhaupt nicht in den Sinn gekommen. Aber das würde Maximilian vermutlich nicht begreifen. Schon seine Mutter hat sich bitter darüber beklagt, keine Streitkultur bei uns lernen zu können. Bei uns galt ja noch die Regel: „Paragraf 1: Vater hat immer recht. Paragraf 2: Wenn Vater einmal nicht recht hat, tritt automatisch § 1 in Kraft." Ich muss also sehr diplomatisch antworten, damit Maximilian mich überhaupt verstehen kann.

Der erste Umzug ist kein großes Problem. Und die Blumen? Ab jetzt selbst gießen!

Das gehört dazu, Maxi, wenn man noch jünger ist und meint, eigentlich schon ziemlich erwachsen zu sein. Als ich so jung war wie du, hatte ich auch öfter Stress mit meinem Vater. Aber das lief total anders ab als heute. Ich erinnere mich, dass ich mit meinem Freund mal Pferdeäppel von der Straße aufgesammelt habe. Als wir genug „Munition" hatten, bewarfen wir von unserem Hof aus Passanten und hatten großen Spaß – bis sich die Leute bei meinem Vater beschwerten, der damals Lateinlehrer auf dem Gymnasium war. Ich bekam eine gehörige Tracht Prügel, was damals ganz normal war. Das war eben meine Art von Stress. Na ja. Wer Spaß haben will, muss manchmal auch Stress in Kauf nehmen, in welcher Form auch immer!

„Das waren aber auch andere Zeiten. Ich bin froh, wenn ich mein Abi habe und studieren kann. Dann nehme ich mir eine eigene Bude, werde nicht mehr dauernd kontrolliert und habe endlich meine Ruhe."

Da bin ich ja echt gespannt. Irgendwann muss halt jeder auf seinen eigenen Beinen stehen, aber dein „Hotel Mama" musst du dann aufgeben – und dir selbst etwas zu essen machen, die Wäsche waschen, das Geschirr spülen.

„Na, bis dahin ist ja noch etwas Zeit. Aber wie finde ich eigentlich eine Wohnung?"

Wenn du irgendwann studierst, wirst du vielleicht in eine andere Stadt ziehen. Und dann gibt es verschiedene Möglichkeiten. Viele Studenten tun sich zu einer Wohngemeinschaft zusammen und mieten eine schöne Altbauwohnung im Zentrum oder in einem Stadtteil. Sie teilen sich dann die Miete, leben für eine Weile zusammen. Wenn einer mit seinem Studium fertig ist, sucht er Nachmieter, meist mit einem Aushang in der Universität. Da würdest du als Erstes schauen. Wenn du lieber allein etwas mieten willst, siehst du am Wochenende im Anzeigenteil der Tageszeitung nach. Da muss man samstags früh aufstehen, die Zeitung am Bahnhof kaufen, nach Angeboten suchen und sehen, dass man zu den ersten Anrufern gehört. Wer zuerst kommt, mahlt zuerst. Und manchmal stehst du dann in einer Schlange mit anderen Leuten, die alle die Wohnung gern besichtigen wollen.

Ohne „Hotel Mama" bleibt die Wäsche öfter mal dreckig …

Außerdem – das brauche ich dir nicht zu erzählen – gibt es zahlreiche Angebote im Internet. Tipp einfach die Art der Wohnung und den Ort ein, und schon stößt du auf alle passenden Webseiten dazu. Falls dir das alles zu viel Arbeit sein sollte, kannst du auch einen Makler einschalten. Der lebt davon, dass er Häuser verkauft und Mietwohnungen vermittelt. Allerdings ist das nicht billig. Schließlich will der Makler Geld haben für seine Arbeit. Das können zwei bis drei Monatskaltmieten sein, die du dafür an ihn zahlen musst. Und weil auch noch die Mehrwertsteuer dazukommt, sind das ganz schnell mehr als 1000 Euro.

„Einen Makler werde ich für meine Studentenbude bestimmt nicht einschalten, das Geld kann ich besser anlegen. Opa, mit was für laufenden Kosten muss ich eigentlich rechnen, wenn ich eingezogen bin?"

Gute Frage, Maxi. Denn zu der sogenannten Kaltmiete kommen Nebenkosten.

„Das kann aber doch nicht so viel sein, oder?"

Du kannst davon ausgehen, dass diese Nebenkosten mehr als ein Viertel deiner gesamten Wohnungskosten ausmachen. Heute liegen die Nebenkosten bei weit mehr als zwei Euro pro Quadratmeter Wohnfläche. Und das Monat für Monat. Wenn du also eine Wohnung mit 40 Quadratmetern hast, die vielleicht 300 Euro Kaltmiete kostet, können da locker jeden Monat noch einmal 100 Euro Betriebskosten dazukommen.

„Und ich kann gar nichts dagegen machen? Das ist doch nicht meine Wohnung, außerdem bezahle ich Miete. Dann kann der Vermieter doch die Nebenkosten übernehmen."

wäre mir auch lieber, aber das Mietrecht hat da andere Regeln. Es legt genau fest, welche Nebenkosten der Eigentümer

Es soll Vermieter geben, die das Internet nicht nutzen. Eine Kleinanzeige kann da sinnvoll sein

auf seinen Mieter „umlegen", also weiterberechnen darf. Zu diesen Betriebs- oder Nebenkosten zählen wie gesagt viele Dinge, die abhängig von deinem Verbrauch sind: also Wasser, Heizung, privater Strom. Und dann noch Ausgaben, die entsprechend deiner Wohnungsgröße berechnet werden. Du musst also einen Teil der Gesamtkosten übernehmen. Dazu zählen Grundsteuer, Aufzug, Straßenreinigung, Müllgebühren, Versicherungen und Gartenpflege. Alles in allem heißt das: Bei einigen Dingen hast du es selbst in der Hand, ob du viel oder wenig zahlst – also beim Wasser und bei Heizung und Strom. Beim Rest bist du leider abhängig davon, was die Dienstleister, beispielsweise die städtische Müllabfuhr, verlangen.

BETRIEBSKOSTEN ALS „ZWEITE MIETE"

Vor allem weil Öl, Gas und Wasser in den vergangenen Jahren so viel teurer geworden sind, kam es zu einem sprunghaften Anstieg der Betriebs- und Nebenkosten.

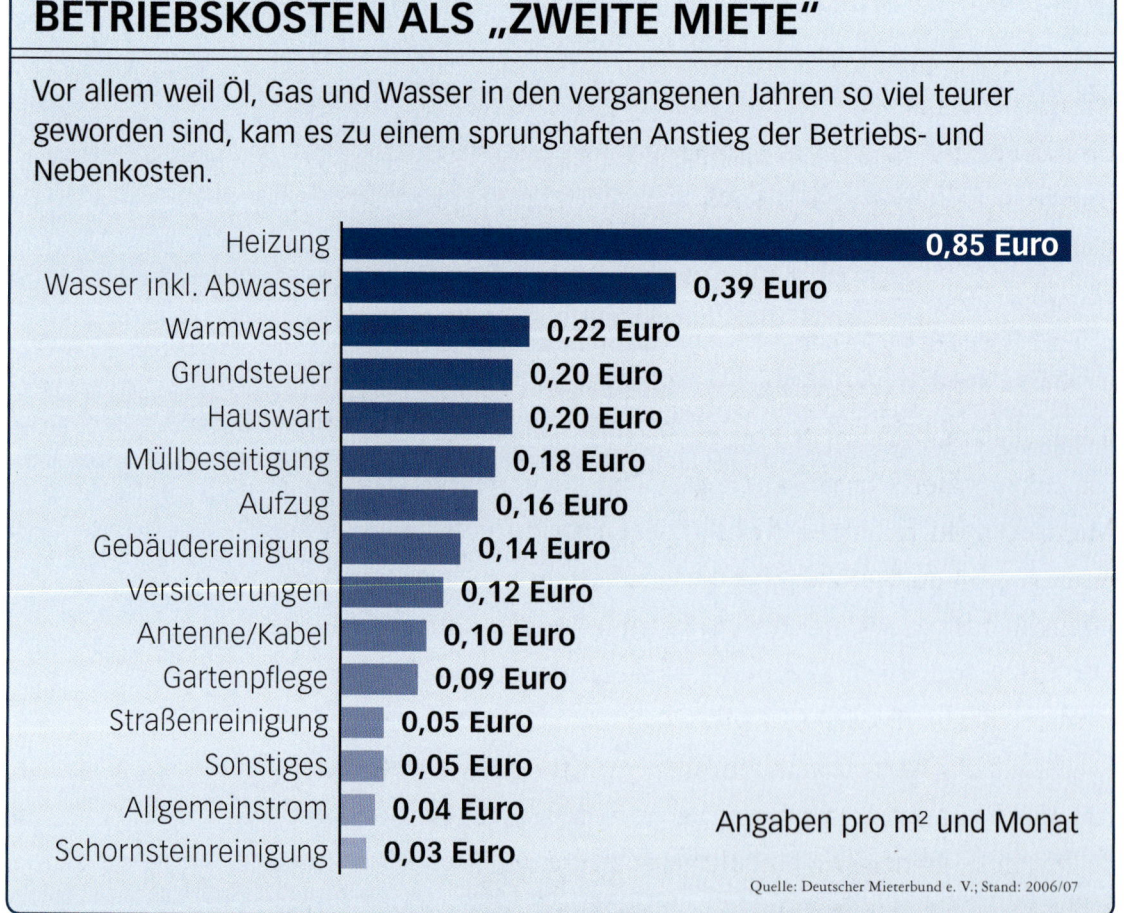

Heizung	0,85 Euro
Wasser inkl. Abwasser	0,39 Euro
Warmwasser	0,22 Euro
Grundsteuer	0,20 Euro
Hauswart	0,20 Euro
Müllbeseitigung	0,18 Euro
Aufzug	0,16 Euro
Gebäudereinigung	0,14 Euro
Versicherungen	0,12 Euro
Antenne/Kabel	0,10 Euro
Gartenpflege	0,09 Euro
Straßenreinigung	0,05 Euro
Sonstiges	0,05 Euro
Allgemeinstrom	0,04 Euro
Schornsteinreinigung	0,03 Euro

Angaben pro m² und Monat

Quelle: Deutscher Mieterbund e. V.; Stand: 2006/07

„Woher weiß ich überhaupt, wie viel Betriebskosten in einem Jahr auf mich zukommen?"

Auf Euro und Cent genau kann dir das niemand sagen. Deshalb weißt du es auch vorher nicht. Das lässt sich immer erst hinterher, also am Ende des Mietjahres ausrechnen. Der Vermieter muss dann in so einem Mietshaus alle Kosten zusammenrechnen und auf die Bewohner möglichst gerecht aufteilen. Beim Strom ist es am einfachsten, den rechnest du selbst direkt mit dem Versorger ab. Wenn du neu einziehst, musst du dich erst mal an vielen Stellen anmelden: beim Einwohnermeldeamt, beim Stromlieferanten, bei deinem Telefon- und Internetanbieter. Ist eine Menge Arbeit, kann ich dir sagen.

Baden ist schön, duschen günstiger

Bei der Höhe deiner Betriebskosten hängt vieles davon ab, ob du sparsam oder eher verschwenderisch mit der Energie umgehst. Also die Heizung zum Beispiel immer voll aufdrehst und womöglich noch das Fenster auflässt. Oder aber jeden Tag ein heißes Bad nimmst, anstatt nur kurz zu duschen. Die ganzen Elektrogeräte auf Stand-by zu lassen, kostet zum Beispiel auch eine Menge Strom.

„Wie zahle ich denn jetzt die Nebenkosten? Am Jahresende, wenn die Abrechnung kommt?"

Maxi, in der Praxis sieht das so aus, dass du neben deiner Miete, die du mit dem Wohnungseigentümer vertraglich vereinbart hast, auch eine Nebenkosten-Vorauszahlung überweist. Und das spätestens bis zum sechsten Tag des Monats.

„Und wann kommt dann die Nebenkosten-Abrechnung?"

Viele Vermieter lassen sich damit einige Monate Zeit, die kommt dann meist zwischen Mai und Juli. Für dich ist wichtig: Der Vermieter muss die tatsächlichen Nebenkosten und deine monatlichen Vorauszahlungen miteinander verrechnen. Unterm Strich stellt sich also heraus, ob du Geld zurück-

Ist erst ein Bürge beschafft, fällt Vermietern die Unterschrift oft leichter

bekommst, weil du zu hohe Vorauszahlungen geleistet hast. Oder ob du dem Vermieter noch Geld schuldest, weil vielleicht die Vorauszahlung falsch geschätzt worden ist. Unter Umständen war dein Wasserverbrauch hoch, oder du hast wegen eines besonders kalten Winters mal viel geheizt. Oder die Gebühren für die Müllabfuhr oder die Straßenreinigung sind gestiegen und, und, und.

„Diese Nebenkosten sind ja echt nervig."

Stimmt, deswegen verlangt das Mietrecht vom Vermieter, dass er dabei äußerst penibel vorgeht. Wenn du bezweifelst, dass alles seine Richtigkeit hat, solltest du dir die Originalrechnungen vorlegen lassen. Und wenn du dir nicht sicher bist, ob das alles stimmt, was der Vermieter dir da vorlegt, kannst du deinen örtlichen Mieterverein aufsuchen.

Jetzt kommt aber noch ein wichtiger Punkt: Jeder Vermieter will eine Kaution, die ein bis zwei Nettomonatsmieten betragen kann.

„Was ist denn eine Kaution? Davon habe ich ja noch nie gehört."

Das ist eine finanzielle Sicherheit, die der Wohnungseigentümer von dir verlangt, bevor er dich einziehen lässt. Falls du nämlich ausziehst und die Wohnung in verwahrlostem Zustand hinterlässt, hat dein Vermieter Geld in der Hand, um Reparaturen und Ähnliches zu bezahlen. Falls bei deinem Auszug allerdings alles in Ordnung ist, bekommst du das Geld auf Euro und Cent zurück. Mehr eigentlich. Denn der Vermieter ist verpflichtet, deine Kaution sicher und verzinslich anzulegen.

Das heißt, du zahlst auf ein Sparbuch die Kaution von zwei Monatsmieten ein, zum Beispiel 800 Euro. Dieses Sparbuch gibst du dem Vermieter. Die Zinsen stehen nur dir zu. Der Vermieter kann also normalerweise, also falls mit der Wohnung alles in Ordnung ist, nicht über das Geld verfügen, wenn der Mietvertrag endet. Er hat es sozusagen nur treuhänderisch.

„Immerhin ist das Geld dann nicht weg."

Wenn der Vermieter ehrlich ist, nicht mit gezinkten Karten spielt und nicht mit irgendwelchen Tricks versucht, dir die Kaution vorzuenthalten. Soll alles schon vorgekommen sein. Gar nicht einmal so selten."

„Mit wie viel Miete muss ich denn überhaupt rechnen?"

Das kommt auf die Größe der Wohnung und auf deren Lage an. Und damit auch auf die Lage des kompletten Gebäudes, in dem sich die Wohnung befindet. Schließlich ist dann noch die Ausstattung der Wohnung nicht ganz unwichtig.

„Schickes Penthouse mit wunderschönem Ausblick." Erst die Besichtigung zeigt dann die Details…

„Das mit der Größe verstehe ich. Ist doch klar, dass eine Wohnung mit 60 Quadratmetern mehr Miete kostet als eine mit 45 Quadratmetern."

Da hast du schon recht. Aber so ganz richtig ist das auch nicht.

„Was heißt das denn jetzt wieder?"

Ganz einfach. Wenn du tatsächlich herausfinden willst, ob eine Miete eher hoch, normal oder niedrig ist, solltest du sie herunterrechnen auf den Quadratmeter. Das geht ganz leicht. Wenn eine Wohnung beispielsweise kalt 300 Euro Miete im Monat kostet und sie 60 Quadratmeter groß ist, bezahlst du fünf Euro pro Quadratmeter. Wenn eine an-

Von wegen Bestlage: Dass manche Wohnungen günstiger sind als andere, hat oft einen Grund

dere Wohnung mit 80 Quadratmetern genau 360 Euro Kaltmiete im Monat kostet, zahlst du absolut natürlich mehr. Umgerechnet kostet bei der größeren Wohnung der Quadratmeter allerdings nur 4,50 Euro im Monat.

„Das mit Ausstattung und Miete verstehe ich. Aber was meinst du mit Lage?"

Vorne raus das Meer und nach hinten die Alpen. Das hat Erich Kästner einmal auf die Frage geantwortet, wie denn die ideale Wohnung ausschaue. Aber im Ernst: Wenn es um die Lage geht, beachten Eigentümer und auch Mieter eine Reihe verschiedener Kriterien. Eines ist zum Beispiel möglicher Lärm, der von draußen reinkommt. Je weniger, desto besser – und umso teurer ist die Lage. Dann geht es um die sogenannte Infrastruktur, also um Straßen, die Haltestelle für den öffentlichen Nahverkehr um die Ecke, Geschäfte, Schulen, Kindergärten, Restaurants, Ärzte und Freizeiteinrichtungen. Alles sollte gut erreichbar sein, nicht in kilometerweiter Entfernung. Schön ist auch, wenn du in der Nähe viel Grün hast. Wohnungen und Häuser kosten umso mehr Miete oder sind umso wertvoller, je mehr Kriterien einer guten Lage sie erfüllen. Du als Mieter bezahlst dann auch für einen solchen Komfort.

„Viel Grün brauche ich nicht, 40 Quadratmeter mit Dusche und Klo reichen mir. Außerdem möchte ich möglichst mitten in die Stadt, weil da am meisten los ist. Ich denke, dann wäre die Miete bezahlbar."

Das kann sein. Und das Angebot müsste ziemlich groß sein, sodass es nicht schwierig sein sollte, eine Wohnung zu finden.

„Puh! Ich hätte nie gedacht, dass das alles so teuer wird, das gebe ich zu. Da kommen ja künftig allein fürs Wohnen schnell ein paar Hundert Euro jeden Monat zusammen."

Damit kannst du rechnen. Und es ist wirklich nicht schlecht, dass du dir schon früh darüber klar wirst. Weg von daheim und rein in eine eigene Bude, das ist die eine Sache. Das alles nachher auch zu bezahlen, ohne deinen Eltern auf der Tasche zu liegen, die andere. Von einigen Unannehmlichkeiten – wie Wäsche zu waschen, putzen, sich selbst um das eigene Essen zu kümmern – einmal ganz abgesehen. Wenn du wirklich mit 40 Quadratmetern zurechtkommst, musst du alles in allem mindestens 300 bis 350 Euro an Miete und Nebenkosten jeden Monat kalkulieren. Das ist sicher kein Pappenstiel.

„So habe ich das bislang noch nicht gesehen. Was mir noch einfällt: Müssen meine Eltern eigentlich ebenfalls den Mietvertrag unterschreiben, selbst wenn ich schon volljährig bin?"

Das wäre ja wirklich unlogisch. Mit 18, also bei Volljährigkeit, ist man geschäftsfähig. Das heißt: Du kannst auch teurere Sachen kaufen, die mehrere Tausend Euro kosten, und Verträge unterschreiben. Der Gesetzgeber unterstellt eben, dass du dir über die Folgen im Klaren bist. Nachteil ist, dass du solche Folgen dann auch selbst tragen musst, in aller Konsequenz. Selbst wenn nicht alles so funktioniert, wie du dir das eigentlich gedacht hast.

„Und was passiert, wenn ich meine Miete mal nicht mehr zahlen kann?"

Ach so, jetzt wird mir klar, worauf du mit deiner Frage eben hinauswolltest. Normalerweise ist es so: Wer seine Miete über einen längeren Zeitraum nicht zahlen kann – ganz egal, ob er jetzt 18 oder 50 Jahre alt ist –, dem wird der Wohnungseigentümer früher oder später kündigen. So weit jedenfalls die Theorie. Ich muss zugeben, im wahren Leben ist es nicht ganz so einfach. Mieter sind in Deutschland durch das Gesetz ziemlich stark geschützt. Sie stehen sozusagen unter Naturschutz.

Es kann deshalb ein Jahr oder mehr dauern, bis ein Vermieter seinen Mieter loswird, selbst wenn der keinen müden Cent Miete zahlt. Gerade bei jungen Leuten, also Studenten, wird es nicht so weit kommen. Denn erfahrene Vermieter sichern sich schon frühzeitig ab für den Fall, dass ein junger Mieter nicht mehr zahlen kann.

„Und was heißt das?"

Ganz einfach: Der Wohnungseigentümer oder Vermieter verlangt, dass die Eltern eine Mietbürgschaft unterschreiben. Das bedeutet also, dass Vater und Mutter nach einer solchen Unterschrift dazu verpflichtet sind, die Miete zu übernehmen, wenn der Sohnemann oder die Tochter es nicht mehr können. So hat der Vermieter von Anfang an die Sicherheit, dass wenig schiefgehen kann – es sei denn, die Eltern haben selbst zu wenig Geld.

„Und wenn meine Eltern eine solche Bürgschaft nun nicht unterschreiben?"

Dann hast du Pech gehabt. Wahrscheinlich gibt es kaum einen Vermieter, der dir dann die Wohnung überlässt. Falls du also eine Wohnung haben möchtest, weil sie dir super gefällt, und der Vermieter eine Bürgschaft von deinen Eltern verlangt, dann gibt es nur zwei Möglichkeiten. Entweder deine Eltern unterschreiben, oder aber du bekommst die Wohnung erst gar nicht.

„Das ist ja dann noch ein ganz schönes Stück Arbeit, wenn ich von daheim weg möchte. Ich hoffe, dass du mir dabei hilfst, wenn Mama und Papa sich querstellen …"

So weit sind wir noch nicht. Du musst ja auch lernen, deine Dinge selbst zu regeln. Je früher du damit anfängst, desto besser.

„Nerve ich dich langsam mit meinen Fragen, Opa?"

Momentan noch nicht. Aber es kann sein, dass es bald soweit ist …

„Na, dann mache ich einfach mal weiter. Ich habe da nämlich noch ein paar Fragen. Beispielsweise eine zum Mietvertrag. Steht dort eigentlich auch drin, wie lang ich in der Wohnung leben darf? Einmal vorausgesetzt, dass ich die Miete immer pünktlich zahle."

Soweit ich weiß, dürfen Mietverträge befristet – also für eine bestimmte Zeit – und unbefristet abgeschlossen werden. Wenn du Genaueres wissen willst, kann ich nur raten, dir in der Buchhandlung einen preiswerten Ratgeber zum Mietrecht zu kaufen oder beim Mieterverein vorbeizugehen. Die haben dort Broschüren, wo alles drinsteht. Und falls dir das zu kompliziert ist, surfe im Internet und drucke dir die Seiten aus. Das geht wahrscheinlich auch.

„Da fällt mir gerade etwas ein. Meine Eltern haben Bekannte, und die haben einen Sohn, der etliche Jahre älter ist als ich und studiert. Vor ein paar Jahren ist er ausgezogen und hat seitdem eine eigene Wohnung. Vor Kurzem kam der Vermieter und hat ihm gekündigt, weil er die Wohnung selbst brauchte. Kann mir das ebenfalls passieren?"

Ich glaube, du sprichst hier vom Eigenbedarf. Sobald der Vermieter damit ankommt, darf er seinem Mieter – allerdings nur mit einer bestimmten Frist – kündigen, auch dann, wenn der Mietvertrag unbefristet abgeschlossen ist.

„Was bedeutet das?"

Wie gesagt, ich bin kein Jurist. Aber soweit ich weiß, bedeutet Eigenbedarf, dass der

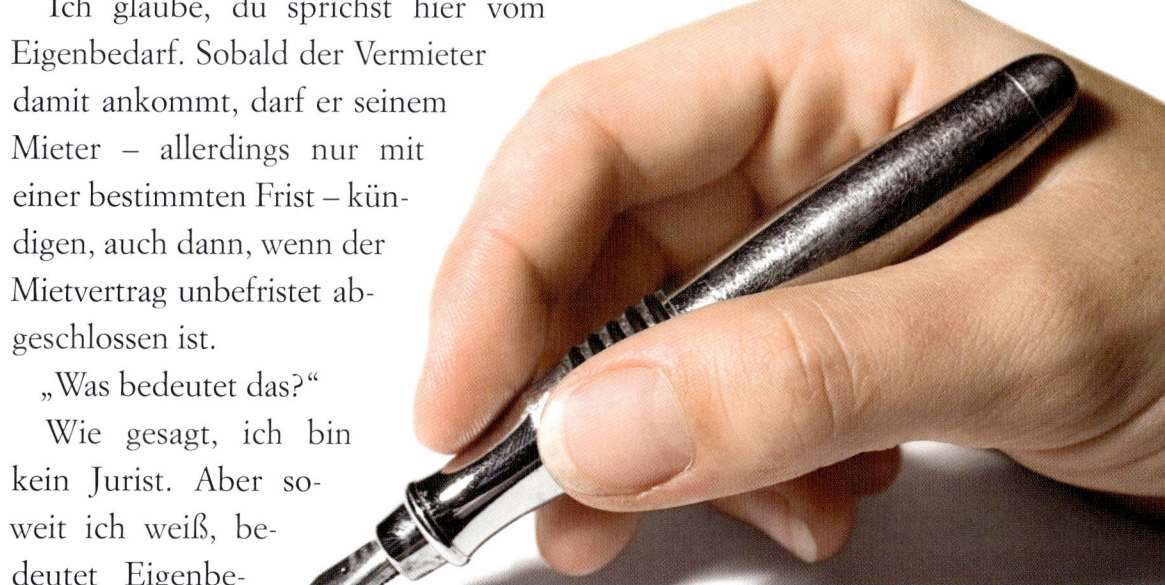

Bevor man den Mietvertrag unterschreibt, sollte man die Details genau studieren

Vermieter die Wohnung selbst benötigt. Entweder weil er mit seiner Familie dort einziehen möchte – was ich bei einer nur 40 Quadratmeter großen Bleibe, von der wir eben gesprochen haben, eher für unwahrscheinlich halte. Oder der Eigentümer will dort – und das ist schon nahe liegender – einen engen Verwandten einziehen lassen. Vielleicht die Tochter oder den Sohn, die selbst weg von den Eltern möchten, oder aber einen anderen nahen Angehörigen. In solchen Fällen darf dir dein Vermieter tatsächlich kündigen.

„Das heißt also: Wenn ihm meine Nase nicht passt, muss er nur von Eigenbedarf reden, und schon bin ich draußen?"

So einfach ist das nun auch wieder nicht. Der Eigentümer und Vermieter muss seinen Eigenbedarf sehr detailliert nachweisen. Es soll schon häufiger vorgekommen sein, dass ein solcher Eigenbedarf nur vorgetäuscht wurde. Etwa, damit der Wohnungseigentümer aus einem langfristigen Mietvertrag rauskommt und er bei einer Neuvermietung die Miete

60 Quadratmeter und ein neues Leben: Der örtliche Mietspiegel zeigt das Preisniveau und hilft beim Vergleichen

stark erhöhen kann. Deshalb landen viele Eigenbedarfskündigungen vor Gericht, weil sich die Mieter das nicht gefallen lassen wollen. Vielleicht stellt dich diese Antwort nicht zufrieden. Aber wenn du selbst einmal in eine solche Lage kommen solltest, was man nie ausschließen kann, bleibt dir sowieso nichts anderes übrig, als dir einen Rechtsanwalt zu nehmen oder aber zusammen mit den Leuten vom Mieterbund, sofern du da Mitglied bist, gegen die Eigenbedarfskündigung anzugehen.

„Ich kann die Vermieter gut verstehen, das kann ja manchmal echt schwierig mit Mietern werden."

Als wenn ich ein Haus hätte und dauernd Schwierigkeiten mit dem Mieter, das wäre ein Horror. Ich bin froh, dass wir hier in einer schönen, wenn auch nicht ganz billigen Mietwohnung mit lebenslangem Wohnrecht leben.

„Wo wir gerade dabei sind: Nehmen wir einmal an, ich hätte einen Mietvertrag unterschrieben. Und darin steht, wie viel Miete ich zahlen muss. Darf der Vermieter irgendwann einfach daherkommen und die Miete erhöhen?"

Auch das ist wieder eine reichlich komplizierte Angelegenheit. Wenn ein Eigentümer die Miete heraufsetzen will, muss er sich von vornherein immer an dem örtlichen Mietspiegel orientieren. Darin steht, wie viel Miete je Quadratmeter bei Wohnungen mit vergleichbarer Lage und Ausstattung im Durchschnitt verlangt werden. Wenn deine Miete dann deutlich darunterliegt, darf der Eigentümer sie anheben. Allerdings nicht unbegrenzt, sondern während eines bestimmten Zeitraums lediglich mit vom Gesetzgeber festgelegten Prozentsätzen. Wie gesagt, eine ziemlich komplizierte Angelegenheit, die letztlich nur Juristen und Mietrechtsexperten durchschauen.

Auch wenn der Vermieter die Wohnung modernisiert, etwa die Fenster austauscht oder eine bessere Wärmedämmung vornimmt, du als Mieter also Energiekosten sparen kannst, ist eine Mieterhöhung erlaubt. Aber auch hier gilt, soweit ich weiß: nur in bestimmten Grenzen und nicht uferlos. Allerdings sind das Themen, mit denen wir uns heute wohl noch nicht beschäftigen müssen. Alles zu seiner Zeit.

„Wenn ich mir das so anhöre, dann hat man als Mieter wahrscheinlich nur Stress. Eigentlich wäre es doch besser, sich gleich eine Wohnung zu kaufen, anstatt eine zu mieten."

Manchmal bin ich wirklich baff, was du so – mir nichts, dir nichts – aus dem Hut zauberst. Die Idee ist gar nicht schlecht.

Schlüssel für die eigene Immobilie – selbst für Studenten ist das nicht ausgeschlossen

„Ich könnte ja einen Teil meines Honorars in eine Eigentumswohnung investieren und die später wieder verkaufen. Meine Eltern sind ja schließlich auch noch da, und du könntest mir ja vielleicht ebenfalls was leihen. Immerhin wären das ja gute Schulden, nach deiner Definition!"

Das wäre auch sinnvoll. Die Rechnung ist eigentlich ganz einfach. Wenn du mit Unterstützung deiner Mutter, die sich da ja sehr gut auskennt, eine kleine Eigentumswohnung kaufen würdest und die monatlichen Kosten nicht viel höher als die Miete sind, kann sich das rechnen. Wenn du zum Beispiel 25.000 Euro von deinem Honorar als Anzahlung für eine Wohnung leistest, die 100.000 Euro kostet, und die Bank dir beziehungsweise deiner Mutter die restlichen 75.000 Euro leiht, dann müsstest du etwa 500 Euro monatlich für Zinsen und Rückzahlung rechnen. Dazu kämen dann die Nebenkosten. Insgesamt ist das sicher teurer als zu mieten, aber wenn die Wohnung sich wieder gut verkaufen lässt, kann sich das lohnen. Fast alles, was dich da interessieren könnte, findest du heute im Internet.

Vor einigen Wochen habe ich einmal in einer Zeitschrift eine wirklich gute Liste mit Internetadressen gesehen. Da ging es um all die Fragen, die sich stellen, wenn man eine Wohnung oder ein Haus kaufen möchte. Und natürlich um die Finanzierung. Ich suche dir das einmal heraus und kopiere dir den Artikel. Du solltest mich allerdings daran erinnern, weil ich manchmal einiges vergesse.

„Mir brummt langsam der Schädel. Ganz schön kompliziert, was wir da alles besprochen haben. Am besten ist, ich kümmere mich zuerst einmal um mein Studium. So lange dauert das ja wohl nicht mehr, wenn mit dem Abi alles klargeht. Ich sage dir schon jetzt: Falls wir uns auch darüber unterhalten, geht es wieder einmal um Kohle. Mach dich also darauf gefasst."

ONLINE – INFORMATIONEN RUND UMS WOHNEN

Alles, was man rund um die eigenen vier Wände wissen muss und braucht – im Internet finden sich viele hilfreiche Informationen.

Immobilienportale

www.immobilienscout24.de
www.immonet.de
www.immowelt.de
www.immopool.de
www.1a-immobilienmarkt.de
www.immobilien.de
www.immozentral.de
www.sueddeutsche.de
www.kalaydo.de

Baugeld

www.baugeldvergleich.de
www.fmh.de
www.biallo.de
www.ing-diba.de
www.interhyp.de
www.creditweb.de
www.hypopool.de
www.baufi.net
www.accedo.de
www.drklein.de
www.hypothekendiscount.de
www.mkib.de
www.fiba-immo.de
www.immobilienfinanzierung.de ▶

Staatliche Förderung

www.kfw-foerderbank.de
Förderprogramme der KfW-Förderbank

www.baufoerderer.de
Alle Ansprechpartner bezüglich
Bundesländerförderung

www.bafa.de
Zuschüsse zur Nutzung erneuerbarer
Energien sowie Energiesparberatung
für Hausbesitzer vom Bundesamt für
Wirtschaft und Ausfuhrkontrolle (Bafa)

www.thema-energie.de
Infoportal für Energiesparen und
erneuerbare Energien der
Deutschen Energie-Agentur

www.dena.de inklusive umfangreicher
Fördermittel-Datenbank

www.aktion-pro-eigenheim.de
Überblick über Förderangebote von
Städten und Gemeinden für Bauherren

Architektensuche

www.bak.de
Website der Bundesarchitek-
tenkammer mit zentraler
Architekten-Suchfunktion

Handwerkersuche

www.blauarbeit.de
www.my-hammer.de
www.undertool.de
www.quotatis.de
www.profis.de

Informationen zum Thema Umzug

www.amoe.de / www.umzug.org
Kostenloses Verzeichnis zertifizierter
Möbelspediteure des Bundesverbands
Möbelspedition (AMÖ)

www.umzugsratgeber.net
Tipps für den reibungslosen Wohnungs-
wechsel – auch ins Ausland

www.moving24.de
Preisbörse für Umzüge,
Ratgeber inklusive

www.umzugsshop24.de
24-Stunden-Einkaufsshop für alle, die
ihren Umzug selbst in die Hand nehmen und sich den Weg in den Bau-
markt ersparen wollen

www.umzugsservice.com
Hier können Interessierte Nachsende-
anträge der Deutschen Post aufgeben

Online zum Rathaus

www.meldeaemter.de
Die virtuellen Meldeämter der Stadt-
verwaltungen im Überblick – sofern sie
den Service bieten

www.bund.de
Portal des Bundesverwaltungsamts mit
Behördenverzeichnis für Bund, Länder
und Kommunen sowie weiteren Infos

www.ummelden.de
Portal mit Checklisten und Tipps
zu allen Belangen rund um den
Ortswechsel

Opa bürgt beim Mietvertrag. Oder hilft beim Immobilienkauf

DIE UNI WARTET – AUCH AUF GELD

Fürs Sparschwein sind Omas, Opas und Tanten zuständig. Doch in die größte Wutz passt nicht genug, um die Kosten eines Studiums zu bezahlen.

Ohne Moos nix los!

Wie soll ich mein Studium finanzieren?

„**Allmählich stinkt es mir,** dass ich dauernd meine Eltern oder dich anbetteln muss, wenn ich extra zum Taschengeld zehn oder 20 Euro brauche. Aber an meine Autorenhonorare kann ich nicht ran, weil Mama das Geld festgelegt hat. Sie meint, das wäre mein Anfangskapital auf dem Weg zum Millionär. Am liebsten würde ich nach dem Abi arbeiten und Geld verdienen …"

Kann ich gut verstehen. Aber das würde ich mir noch mal genau überlegen. Nur mit dem Abitur und ganz ohne Studium werden deine Chancen am Arbeitsmarkt in den nächsten Jahren nicht gerade besser. Ganz zu schweigen von einem Job, bei dem du richtig – und ich meine: richtig viel – Geld verdienst. Ich kann dir nur raten, zu studieren, egal ob du eine eigene Firma gründen willst oder dich anstellen lässt. Die Chancen auf dem Arbeitsmarkt sind immer besser, wenn du nicht gerade Germanistik oder Philosophie studierst.

„Wie es aussieht, würde ich das von meinem Notendurchschnitt her schon schaffen. Glaube ich jedenfalls. Aber da sind wir wieder beim alten Thema, dem Geld. Jetzt gibt es ja wohl auch noch Studiengebühren! Meine Eltern würden mir zwar was zuschießen, aber arbeiten und selbst Geld verdienen müsste ich doch. Stimmt das eigentlich mit den Studiengebühren?"

Ja, leider. Oder Gott sei Dank. Wie man es nimmt. Leider, weil zumindest auf den ersten Blick Kinder von nicht ganz so wohlhabenden Eltern ordentlich strampeln müssen, um das zu bezahlen. Und eigentlich auch zum Glück, weil die Studierenden durch die Gebühren angehalten werden, sich zu be-

Literatur fürs Studium ist teuer. Und manche Bücher in der Uni-Bibliothek sind immer ausgeliehen

eilen. Man sagt, dass Deutschland die ältesten Studenten und die jüngsten Rentner hat. Ein Architekt ist erst mit 28 fertig. In dem Alter hatte ich schon den ganzen Krieg hinter mir, das Studium längst abgeschlossen und schon zwei Jahre gearbeitet! Diese ewigen Studenten von heute zahlen nichts in die Rentenkasse ein und studieren auf meine Kosten. Deswegen finde ich Studiengebühren gar nicht so schlecht.

„Ich habe gelesen, dass die Studiengebühren pro Semester, das sind ja nur sechs Monate, 500 Euro kosten. Macht also im Jahr einen glatten Tausender. Bloß um im Hörsaal auf der Treppe zu sitzen."

Abwarten, noch ist nicht aller Tage Abend. Grundsätzlich können die Unis Studiengebühren verlangen, aber sie müssen es nicht. In Nordrhein-Westfalen beispielsweise gibt es etliche Hochschulen, die darauf verzichten. Und kürzlich hat der Hessische Landtag in Wiesbaden beschlossen, für das eigene Bundesland die Studiengebühren zu streichen. Was ich damit sagen will: Falls sich die politischen Mehrheiten in dem einen oder anderen Bundesland in Richtung SPD, Grüne und Linkspartei ändern, heißt es wieder: Zurück marsch, marsch, und weg mit den Studiengebühren. Bis danach eine CDU-Regierung die Studiengebühren wieder einführt. So ist das halt in der Politik.

„Ich habe aber keine Lust, darauf zu warten. Also muss ich doch wohl schauen, wo ich Geld auftreiben kann. Drei Jungs aus meiner Klasse bekommen BAföG. Vom Staat, soweit ich weiß. Und wenn Schüler das Geld kriegen, müsste ich das als Student doch erst recht bekommen."

Das stimmt. Sowohl Schüler als auch Studierende haben grundsätzlich Anspruch auf Leistungen nach dem Bundesausbildungsförderungsgesetz. So lautet die Langform der Abkürzung BAföG. Aber die ganze Sache ist, wie könnte es auch anders

Der Enge in den Hörsälen lässt sich auch Positives abgewinnen

sein, richtig kompliziert. Denn ob man überhaupt Anspruch auf Geld aus der Staatskasse hat und wie viel das konkret ist, hängt von einer Reihe unterschiedlicher Dinge ab. Das gilt gleichermaßen für Schüler und Studierende. Übrigens: Kürzlich ist das Bundesausbildungsförderungsgesetz runderneuert worden. Mit dem Ergebnis, dass es ab dem Schuljahr beziehungsweise Wintersemester 2008/2009 etwas mehr Geld gibt als früher.

„Das hört sich ziemlich gut an. Wie viel BAföG würde ich denn da im Monat bekommen?"

Lass uns das im Internet nachsehen. Wir googeln mal eine Weile herum. Aha – hier steht es. Es gibt maximal 643 Euro.

„Klasse. Wenn ich dann noch Geld von meinen Eltern bekäme, würde das locker reichen."

Stopp, hier steht was von Förderhöchstbetrag. Viele Studenten bekommen deutlich weniger. Vielleicht nur 100, 200 oder 450 Euro. Dann sähe die ganze Sache schon etwas anders aus.

„Wie erfahre ich denn nun, wie viel BAföG mit zusteht?"

Das steht alles im „Bundesausbildungsförderungsgesetz". Und zweitens müssen auch deine Eltern mitmachen. Ich selbst kann dir nur grob erklären, wie die ganze Sache läuft.

„Dann mach mal …"

Zunächst geht es um den sogenannten monatlichen Bedarf. Der wird in Euro angegeben. Dabei musst du Folgendes beachten: Schüler haben einen geringeren Bedarf als Studierende. Das Gleiche gilt für Auszubildende, die noch bei ihren Eltern wohnen. Logisch ist also: Wer nicht mehr bei seinen Eltern, sondern

Kleine und manchmal auch größere Geschenke für Studenten gibt es vom Staat

Wer nach dem Studium verdient, zahlt das BAföG zurück

in einer eigenen Bude wohnt, könnte auf den höchsten monatlichen Bedarf kommen. Das heißt: Es gibt das maximale BAföG.

„Du sagtest gerade ‚könnte‘. Das heißt, dass wohl nicht jeder so viel bekommt."

Es ist für mich immer ein Anlass zur Freude, wenn Maximilian seine Ohren einmal richtig benutzt, statt sich dort mit Stöpseln Lärm reinzublasen!

Klasse, du hörst ja sehr genau zu. Denn wie viel BAföG konkret rüberwächst, hängt danach vom Einkommen deiner Eltern ab und davon, ob du selbst Geld verdienst.

„Moment, verstehe ich das richtig? Wenn meine Eltern viel verdienen, gibt es weniger oder überhaupt kein BAföG? Und wenn ich fleißig bin und regelmäßig Geld verdiene, gilt das Gleiche? Das finde ich ziemlich ungerecht."

Wir können sicher Stunden darüber streiten, wie groß die Gerechtigkeit allgemein und besonders die soziale Gerechtigkeit in unserem Land ist. Aber dass beim BAföG die finanziellen Verhältnisse der Eltern und das Einkommen der jungen Leute berücksichtigt werden, das finde ich nun wirklich gerecht. Es kann doch nicht angehen, dass der Sohn eines Millionärs genauso viel BAföG bekommt wie die Tochter eines Hartz-IV-Empfängers. Das dürfte dir einleuchten, oder? Konkret heißt das also: Wenn du BAföG haben möchtest, musst du – wie üblich bei uns in Deutschland – einen ziemlich komplizierten und mehrseitigen Antrag ausfüllen. Darin steht dann, ob du daheim oder in einer eigenen Bude lebst. Deine Eltern müssen einen Einkommensnachweis beifügen, und du musst aufschreiben, ob und wie viel Geld du selbst verdienst. Dann wird ordentlich gerechnet, weil deine Eltern und du bei euren Einkommen bestimmte Freibeträge habt. Und falls die überschritten werden, wird das beim BAföG berücksichtigt. Das bedeutet: Mit steigendem Einkommen deiner Eltern oder je mehr du verdienst, desto mehr wird vom BAföG-Höchstsatz abgezogen.

„Kannst du mir dabei helfen?"

Sei mir nicht böse, aber da bin ich überfordert. Du solltest dich zunächst informieren, was möglich ist. Und dich dann mit deinen Eltern zusammensetzen. Ihr müsst das gemeinsam machen.

Mir fällt jetzt ein, dass ich als Marineoffizier immer ein Einkommen hatte, das zu hoch für einen BAföG-Anspruch meiner Kinder war. Ich fand das in Ordnung. Aber mich hat damals sehr gefuchst, dass die wirklich wohlhabenden Eltern von Studienkameraden unserer Gören ihr Einkommen mit Verlusten aus Schiffsbeteiligungen oder anderen Abschreibungsmodellen so herunterrechneten, dass sie anspruchsberechtigt wurden. Nur habe ich keine rechte Lust, jetzt über die Steuergesetze mit Maxi zu diskutieren!

„Ich weiß nichts Genaues, aber Mama und Papa scheint es finanziell ganz gut zu gehen. Viel BAföG werde ich mir abschminken können. Am besten, ich rede mit ihnen mal darüber, ob sie mich unterstützen können."

Mach dir mal keine Sorgen, das werden sie auch tun. Immerhin gibt es vom Staat für dich Kindergeld, wenn du studierst oder in der Ausbildung bist. Red doch mal mit deinen Eltern darüber,

HIER GIBT ES BAFÖG-INFOS

www.bafoeg.bmbf.de
Das Bundesministerium für Bildung und Forschung hat hier auf einer speziellen Internetseite alles rund ums BAföG zusammengestellt.

Tel.: 0800 223 63 41
Unter dieser Nummer erreichen Eltern und ihre Kinder die gebührenfreie BAföG-Hotline.

ob sie dir das geben. Im übrigen jobbt fast jeder Student heutzutage, das wirst du sicher auch machen, ich hab dir dazu ja schon ein paar Tipps gegeben.

„Das Kindergeld, das meine Eltern bekommen steht doch eigentlich mir zu, oder? Wie viel gibt es denn da?"

Moment, wenn deine Eltern dein Studium bezahlen und dir jeden Monat Geld zum Leben schicken, dann brauchen sie natürlich das Kindergeld selbst. Aber vielleicht lassen sie mit sich reden. Momentan sind das mindestens 154 Euro, glaube ich. Und zwar jeden Monat. Bei kinderreichen Familien noch etwas mehr.

„Das ist nicht viel, Opa."

Manchmal verstehe ich dich nicht ganz. Gut 150 Euro im Monat ist eine Menge Geld. Außerdem steht

SO VIEL KINDERGELD GIBT ES

Wie viel Geld vom Staat die Eltern für jeden Sprössling erhalten, hängt davon ab, wie viele Kinder in der Familie leben. Wichtig: Zur Jahresmitte 2008 plant die Große Koalition in Berlin, das monatliche Kindergeld zu erhöhen. Bei Redaktionsschluss war jedoch dazu noch keine Entscheidung gefallen. Und so viel gibt es pro Monat vom Staat:

für die ersten drei Kinder jeweils	**154 Euro**
für jedes weitere Kind	**179 Euro**

deinen Eltern noch ein Kinderfreibetrag zu, mit dem sie Steuern sparen können. Häufig kommt da unter dem Strich mehr heraus als beim Kindergeld. Wenn die Eltern eben eine hohe Steuerbelastung haben und dementsprechend auch viel Steuern sparen können. Ich mach dir da einen Vorschlag: Sprecht doch einfach mal zu Hause darüber, ob deine Eltern dir das Kindergeld überlassen, sobald du studierst. Und wenn sie ganz freigiebig sind, legen sie vielleicht noch ein wenig drauf, falls beim Kinderfreibetrag zusätzlich eine Steuerersparnis herausspringt.

„Zur Not pump ich mir halt Geld bei der Bank oder der Sparkasse und zahl das später nach dem Studium, sobald ich einen Job habe, wieder zurück."

Das kannst du tatsächlich machen, heute geht so etwas. Seit einiger Zeit bieten viele Banken sogenannte Studienkredite oder Studentendarlehen. Die gibt es sogar von KfW-Förderbank. Das ist eine staatliche Bank, die eine Reihe unterschiedlicher Förderprogramme hat. Etwa für Existenzgründung, Wohnungsbau und seit einiger Zeit auch für Studierende.

„Und wie funktioniert das?"

Auch da solltest du mal ins Internet schauen, wie das allgemein abläuft und welche Banken oder Sparkassen gute Angebote haben. Ich kenne mich da zwar nicht so genau aus, aber ich glaube, dass die KfW, über die wir eben gesprochen haben, sehr gute Konditionen hat.

„Auch das klingt ja alles ziemlich kompliziert. Ich muss doch zumindest einen Überblick bekommen, wer welche Studentendarlehen anbietet."

Da musst du halt auf die Suche gehen. Einen Tipp habe ich für dich: Es gibt eine sehr gute Internetseite der FMH Finanzberatung in Frankfurt (**www.fmh.de**). Da steuerst du am besten den Menüpunkt „Specials"
an. Darunter findest du viele Informationen zu Studienkrediten. Vor allem kannst du ein wenig rumspielen und berechnen, wie viel dich das Ganze kostet, welche Ausgaben auf dich zukommen und, und, und.

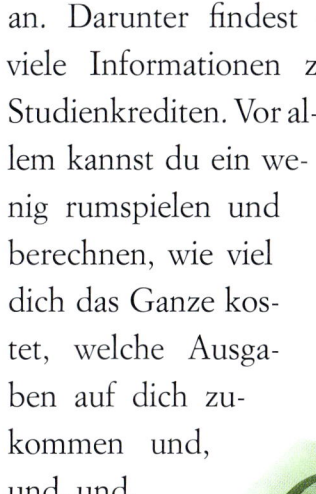
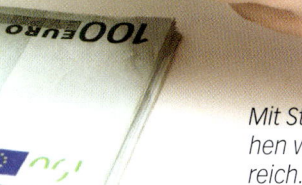

Mit Studentendarlehen wird niemand reich. Aber zum Akademiker

STUDIEREN AUF PUMP

Immer mehr Banken und Sparkassen und auch die staatliche KfW bieten Studienkredite oder Studentendarlehen – allerdings zu unterschiedlichen Konditionen. Die dabei geltende Systematik ist aber identisch. Und zwar wie folgt:

- Solche Kredite können bei einigen Banken und Institutionen unabhängig vom Einkommen der Eltern beantragt werden. Bei anderen Geldhäusern ist die Vergabe an die Kreditwürdigkeit der Eltern gekoppelt.

- Der Studierende erhält in der Regel einen monatlichen Betrag zwischen mindestens 100 und höchstens rund 700 Euro. Möglich ist auch die Variante, dass das Darlehen auf einen Schlag ausgezahlt wird, der Studierende es verzinslich anlegt und sich jeden Monat, entsprechend seinen Bedürfnissen, einen Teil davon wegnimmt.

- Zurückgezahlt wird der Kredit, nachdem das Studium beendet ist und der Darlehensnehmer einen Job mit festen Einkünften hat. Möglich ist auch, in der ersten Zeit tilgungsfreie Jahre zu vereinbaren. Die maximale Rückzahlungsdauer beträgt in der Regel 25 Jahre.

- Selbstverständlich kosten Studienkredite und Studentendarlehen Zinsen. Deren Höhe richtet sich nach den Gegebenheiten an den Kapital- bzw. Finanzmärkten. Man kann allerdings unterstellen, dass die Zinsen vergleichsweise niedrig sind, weil die geldgebenden Institute dafür Subventionen vom Staat erhalten. Grundsätzlich sind die Zinsen deutlich niedriger als bei Konsumentenkrediten und möglicherweise etwas höher als bei durch Grund und Boden abgesicherten Immobiliendarlehen.

- In der Regel sind die Kreditverträge so flexibel, dass eine kostenfreie Sondertilgung möglich ist. Ideal für Studierende, die zwischenzeitlich höhere Geldbeträge geschenkt bekommen oder erben.

Zusätzlich findest du einen Überblick über aktuelle Kreditangebote, deren Details sehr gut und sorgfältig erklärt werden.

„Danke für den Tipp. Ich mach das dann mal und schau gleichzeitig im Internet, ob billige Autos angeboten werden. Schließlich mache ich demnächst meinen Führerschein!"

DAS LEBEN ALS AUTOMOBILIST

Für viele Jugendliche ist es der größte Wunsch, endlich zu den Wagenlenkern zu gehören. Wer es nicht abwarten kann, darf schon mit 17 ans Steuer.

Das erste Auto

Pünktlich zum 18. Geburtstag

„Ich kann es kaum erwarten, dass ich endlich volljährig bin!" Maxi ist jetzt 17, es dauert also nicht mehr lange bis zu seinem 18. Geburtstag.

In den Besitz des ersehnten Führerscheins zu kommen, führt meist zu einem zeitweiligen Engpass im Portemonnaie

Das glaub ich dir. Aber denkst du wirklich, es ändert sich dann viel?

„Vor allem freue ich mich darauf, endlich den Führerschein zu machen. Und vielleicht kaufe ich mir dann ein Auto."

Ja, das verstehe ich vollkommen – endlich ein eigenes Auto fahren. Da fühlt man sich doch gleich freier. Das Gefühl kenne ich. Ich bin jetzt 85, und manche Leute fragen mich, ob ich überhaupt noch fahren kann! Da rege ich mich sofort auf. Wenn ich nicht mehr Auto fahren darf, kannst du mich gleich unter die Erde bringen. Ohne den Wagen fühle ich mich fast wie ein Pflegefall.

„Du bist ja auch gesund und kannst noch sehr gut Autofahren in deinem 20 Jahre alten Volvo."

Danke für die Blumen, das sehe ich genauso. Trotzdem: So ein Auto kostet natürlich auch was. Da kommt ganz schön was zusammen. Ich frage mich, woher du das ganze Geld nehmen willst. Mach zuerst mal deinen Führerschein, und dann sehen wir weiter. Auch die Fahrschule kostet ein Heidengeld.

„Wie viel denn? Ein paar Hundert oder über 1000 Euro?"

Eher über 1000 als 500 Euro. Hängt davon, wie viele Fahrstunden du brauchst. Du musst Anmelde- und Prüfgebühren zahlen. Und jede Fahrstunde extra. Aber wenn es so weit ist, kannst du mit meinem Wagen öfter mal auf einem Trainingsplatz üben. Natürlich muss ich dich dabei begleiten, doch ein paar Fahrstunden könntest du so schon sparen.

„Darf ich mich eigentlich erst für die Fahrschule anmelden, wenn ich schon 18 bin?"

Du kannst dich viel früher anmelden, damit du genau an deinem 18. Geburtstag den Führerschein in der Hand hast. Aber es gibt noch etwas viel Erfreulicheres: Du darfst sogar schon früher deinen Führerschein machen und bereits mit 17 Auto fahren …

„Das ist ja der Hammer! Wie geht das denn?"

Du meldest dich bei der Fahrschule an und schaust, dass du rechtzeitig alle erforderlichen Unterlagen zusammenhast – also Personalausweis, den Sehtest vom Optiker und einen Erste-Hilfe-Kurs, den du beim Deutschen Roten Kreuz oder ähnlichen Organisationen machst. Dann nimmst du deine Theoriestunden und schaust, dass du ausreichend Fahrpraxis bekommst. Irgendwann meldest du dich dann zur Führerscheinprüfung an. Falls das alles klappt, darfst du auch schon mit 17 hinters Steuer.

„Und dann auch alleine fahren?"

Das wiederum nicht. Es gibt da strenge Vorgaben. Mit 18 darfst du ohne Begleitung hinter dem Steuer sitzen. Mit 17 muss allerdings eine „Aufsichtsperson", also am besten deine Mutter oder dein Vater, neben dir als Beifahrer sitzen. Wenn niemand dabei ist, darfst du mit 17 also nicht Auto fahren. Wichtig ist allerdings, dass deine Eltern nicht zu viele Punkte in der Flensburger Verkehrssünderkartei haben. Redet doch mal zusammen darüber, ob du jetzt schon den Führerschein machst und deine Eltern bereit sind, dich hin und wieder als Beifahrer zu begleiten.

„Dürfte ich dann schon ein eigenes Auto haben?"

Klar, weshalb nicht? Aber wie bereits gesagt: Du darfst so lange nicht allein fahren, bis du volljährig bist. Erst ab 18 ist die Begleitung auf dem Beifahrersitz nicht mehr nötig.

„Ein eigenes Auto wäre wirklich toll. Zwei aus meiner Klasse, die etwas älter sind als ich, haben schon eins. Und noch nicht mal zu viel dafür bezahlt. Vielleicht ein paar Tausend Euro oder so."

Ein paar Tausend Euro oder so. Ist das denn kein Geld? Die musst du erst mal haben. Und dann fragt sich, ob du dafür wirklich ein halbwegs stabiles

Ihren ersten Blech-Liebling vergessen die Menschen ihr Leben lang nicht. Selbst wenn er – billig gekauft – seinen Besitzer manchmal im Stich ließ

Auto bekommst oder irgendeine Schrottkarre, die nach ein paar Kilometern zusammenbricht.

„Und wo finde ich so was?"

Etwas Gutes zu einem vernünftigen Preis zu finden, ist oft Glückssache. Schau dir mal die Autoanzeigen in der Zeitung und im Internet an. Vielleicht gehst du auch einmal bei einem Gebrauchtwagenhändler vorbei. Zu den Händlern der großen Automarken kannst du ebenfalls gehen, die haben normalerweise den ganzen Hof voll mit Gebrauchtwagen, die sie beim Kauf eines neuen Autos in Zahlung genommen haben. Ich bezweifle zwar, dass du da ein richtiges Schnäppchen machen kannst. Aber versuch es einfach mal.

„Das hört sich alles schon wieder ziemlich ätzend, besonders aber sehr teuer an. Kann ich denn nicht einfach den Wagen von Mama oder Papa mitbenutzen? Jeder von beiden hat doch ein Auto."

Wenn ich ehrlich bin: Ich würde dir das auch empfehlen. Das ist der beste Anfang, bevor du dir ein eigenes Auto kaufst. Was du brauchst, ist zunächst einmal Fahrpraxis. Die Fahrstunden vor der Führerscheinprüfung sind zwar o.k., aber sie reichen meistens nicht aus, um sich an alles zu gewöhnen. Allerdings solltest du mit deinen Eltern darüber reden, bevor du dich zum ersten Mal hinter den Lenker setzt. Es kann nämlich sein, dass die Kfz-Versicherung deiner Eltern nicht zahlt, falls du einen Unfall baust.

„Das heißt also: Sowohl meine Mutter als auch mein Vater müssen ihre Autoversicherung darüber informieren, dass auch ich den Wagen fahre? Weshalb denn?"

Eigentlich ist das recht einfach. Wenn du eine Versicherung willst, ob nun für dein Auto, die Möbel daheim oder für ein Haus, musst du dafür Geld zahlen – nämlich die Beiträge oder auch Prämien. Die Versicherungen haben selbstverständlich kein Geld zu verschenken. Deshalb kalkulieren sie nach bestimmten statistischen und versicherungsmathematischen Formeln das Risiko, das sie eingehen, sobald sie mit dir einen Vertrag abschließen. Und allgemein gilt: Je höher das voraussichtliche Risiko, desto mehr muss man für den Versicherungsschutz zahlen. Und nun kommt ins Spiel, dass du mit 18 Führerschein-Neuling, also Fahranfänger bist. Die Kfz-Versicherer wissen genau, dass Fahranfänger statistisch weitaus häufiger einen Unfall bauen als Autofahrer, die schon etliche Jahre Praxis hinter sich haben. Und wenn öfter Unfälle geschehen, dann müssen die Versicherer eben auch häufiger und vielleicht auch mehr für die Schäden zahlen.

„Aha …!"

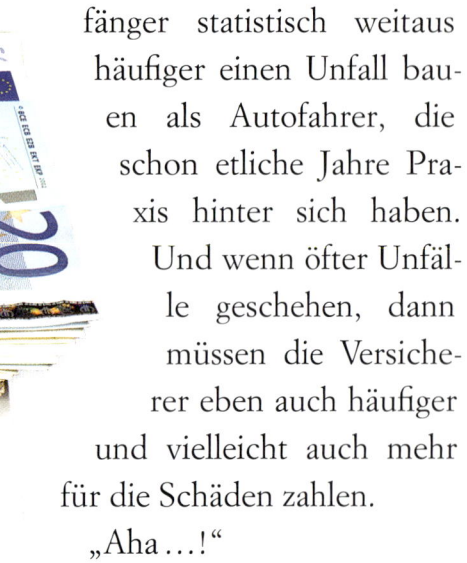

Je höher das Risiko, desto teurer die Versicherung – das gilt beim Autofahren ganz besonders

Daraus folgt also: Wenn du das Auto deiner Mutter oder deines Vaters fährst, hat die Versicherung, wiederum statistisch gesehen, ein höheres Schadenrisiko. Entweder sie verlangt in der ersten Zeit von deinen Eltern höhere Versicherungsbeiträge, oder aber sie lässt alles beim Alten, weil deine Eltern beispielsweise sehr gute Autofahrer sind und bisher noch keine Unfälle gebaut haben. Grundsätzlich gilt aber: Wenn deine Eltern ihre Autoversicherungen nicht darüber informieren, begehen sie eine Pflichtverletzung. Wenn du dann einen Unfall mit großem Schaden baust, besteht die Gefahr, dass die Autoversicherung nicht zahlt.

„Wenn ich mir einen eigenen Wagen kaufen würde, gäbe es doch diese Probleme nicht, oder?"

Theoretisch hast du recht. Es ist allerdings die Frage, was dich mehr Geld kostet. Wenn du dir ein Auto kaufst, musst du schließlich das Auto bezahlen. Und dann sind wir wieder bei dem Thema, wo du das Geld herkriegst. Mit dem Kaufpreis ist es ja nicht getan. Du zahlst für das Auto Steuern, eine Tankfüllung kostet bei den Benzinpreisen, die wir gerade haben, ein kleines Vermögen. Vor allem musst du den Wagen versichern. Gesetzlich ist vorgeschrieben, dass jedes Auto eine Kfz-Haftpflicht hat. Da macht der Staat keine Kompromisse. Was auch in Ordnung ist. Und wenn wir gerade mal bei den Kosten sind: Wer sagt dir, dass das Auto die ganze Zeit super funktioniert? Gerade wenn der Wagen schon etwas älter ist und vielleicht ein paar Hunderttausend Kilometer gelaufen hat, kann andauernd was kaputtgehen. Und auch das kostet ein Heidengeld.

„Ich merke schon, du willst mich unbedingt davon abbringen, mir ein eigenes Auto zu kaufen."

Nein, gar nicht. Ich will dich nur rechtzeitig darauf hinweisen, dass vier Räder unter dem Hintern ein teures Vergnügen sind. Vor allem, wenn du alles selbst bezahlen musst. Das gilt nicht nur für Sprit, Steuern und Reparaturen, sondern auch für

Sind die Unterhalts-kosten für den Wagen bezahlt, ist fürs Tanken manch-mal nur noch wenig Geld übrig

die Haftpflicht-Versicherung. Die springt ein, wenn du ein anderes Auto anfährst. Sie zahlt aber zum Normal-tarif nur den Schaden am anderen Auto, nicht an dei-nem eigenen Wagen. Wir hatten uns ja eben schon da-rüber unterhalten, dass Fahranfänger statistisch weit häufiger Unfälle bauen als erfahrene Autofahrer. Die Versicherer verlangen also bei Fahranfängern in den ersten Jahren sehr, sehr hohe Beiträge – bis zu 230 Prozent .

„230 Prozent? Wovon?"

Nehmen wir einmal an, ein Erwachsener hat einige Jahre Fahrpraxis, kauft sich einen Wagen und schließt für ihn eine Kfz-Haftpflichtversicherung ab. Dann zahlt er oft den normalen Beitrag, nämlich 100 Prozent. Du als Fahranfänger musst, relativ dazu, den 2,3-fachen Beitrag zahlen, nämlich 230 Prozent. Das ist der Preis, den die Versi-cherung dafür verlangt, dass du ein weitaus höheres Risiko für sie bist.

„Und daran lässt sich überhaupt nichts ändern?"

Klar, es gibt da den einen oder anderen Trick, bei dem aller-dings deine Eltern mitspielen müssen. Diese Tricks sind übri-gens völlig legal und werden deshalb von den Versicherungen auch akzeptiert.

„Jetzt wird es interessant."

Das denk ich mir. Mal etwas vereinfacht ausgedrückt, funk-tioniert die ganze Sache so: Du kaufst dir – wahrscheinlich – ei-nen Gebrauchtwagen. Den meldest du beim Straßenverkehrs-amt nicht auf deinen eigenen Namen an, sondern deine Eltern deklarieren ihn als Zweit- oder Drittwagen. Das heißt dann auch, dass deinen Eltern die Beiträge zur Kfz-Haftpflichtversi-cherung in Rechnung gestellt werden. Vorteil ist, dass sie in dem Fall ihren Schadenfreiheitsrabatt für den Zweit- oder Drittwa-gen nutzen können.

„Was ist denn das schon wieder, Schadenfreiheitsrabatt?"

Mit ihm belohnen Autoversicherer, dass ein Kunde über Jahre keinen Unfall gebaut hat. Das heißt also: Je länger jemand unfallfrei fährt, desto weniger zahlt er für den Versicherungsschutz. Man bekommt also einen Preisrabatt bei Schadenfreiheit. Dieser „Trick" hat allerdings einen Nachteil. Du als Fahrer des Autos sammelst, wenn der Wagen auf deine Eltern angemeldet ist, keine Rabattpunkte. Ihr müsst euch also einen Autoversicherer aussuchen, der auch dir den Rabatt für unfallfreies Fahren gewährt, selbst wenn du den Zweitwagen deiner Eltern fährst.

„Mal wieder sehr kompliziert."

Da gebe ich dir recht. Der bessere Trick ist, du meldest das Auto von vornherein auf deinen eigenen Namen an. Gehst aber zum gleichen Versicherer, den auch deine Eltern haben. Und teilst ihm mit, deine Eltern seien bereits Kunden und würden schon seit vielen Jahren unfallfrei fahren. So ist das nämlich, ich weiß das. Wenn der Versicherer gut ist, setzt er dich in einem solchen Fall nicht auf 230 Prozent, sondern vielleicht nur auf 140 Prozent Beitragssatz und hat dich als Kunden gewonnen. Noch ein kleiner Tipp: Du solltest beim Autoversicherer deiner Eltern ausdrücklich nach diesem Trick fragen. Denn ich bezweifle, dass er freiwillig damit rausrückt.

„Du sprichst bis jetzt immer von Prozenten bei den Beiträgen.

Bei der Wahl eines Urlaubsziels sind für junge Autobesitzer die Spritkosten meist mit entscheidend

Das nützt mir allerdings wenig. Ich weiß nämlich nicht, wie viel genau ich für die Autoversicherung zahlen muss."

Das weiß ich auch nicht.

„Wieso das denn nicht? Du hast mir alles erklärt, und jetzt kneifst du plötzlich."

Hast du schon jemals erlebt, dass ich bei irgendwelchen deiner Fragen kneife?

„Nö!"

Dann ist es ja gut. Also: Wie viel Geld du für eine Kfz-Haftpflichtversicherung zahlst, kann ich dir wirklich nicht sagen. Und ich nehme an, wenn ich dir das erkläre, verstehst du es auch. Es kommt nämlich drauf an, welches Auto du fährst, in welcher Stadt du das Auto anmeldest, ob du Fahranfänger oder ein alter Hase bist und wie viele Unfälle du möglicherweise bereits gebaut hast. Wie ich dir bereits gesagt habe, versuchen die Versicherer, auf Grundlage von statistischen und mathematischen Methoden recht genau ihre Risiken zu kalkulieren. Dafür werden die Autos in Schadenklassen eingruppiert und in Regionalklassen. Es wird also berechnet, wie viele Unfälle mit einem bestimmten Autotyp gebaut werden. Außerdem ermitteln die Versicherer, in welchen Städten und Regionen bestimmte Autos überdurchschnittlich häufig geklaut werden. All das dient der Risikokalkulation. Deshalb kann ich dir wirklich nicht genau sagen, wie viel dich der ganze Spaß kostet.

Statistisch gesehen bauen Fahranfänger mehr Unfälle. Die Versicherer kalkulieren entsprechend

„Was zahlst denn für deinen alten Volvo pro Jahr?"

Also ich zahle im Jahr 450,- Euro. Mein Schadenfreiheitsrabatt liegt derzeit bei 35 Prozent. Im Internet findest du sicher mehr

Infos , da kannst du sogar ausrechnen lassen, wie viel dich die Kfz-Versicherung für welches Auto kostet. Etwa unter **www. fss-online.de.** Du musst allerdings die Programme, die da hinterlegt sind, mit vielen Informationen füttern. Sonst funktioniert das Ganze nicht. Übrigens darfst du am Ende nicht die Kfz-Steuer vergessen. Da musst du auch noch mal ein paar Hundert Euro pro Jahr rechnen.

„Irgendwie geht es immer nur ums Geld. Und darum, dass mir Geld fehlt und ich nicht weiß, wo ich welches herbekomme."

Warte mal ab, über einige Dinge haben wir uns noch gar nicht unterhalten. Es kommt noch besser. Oder schlechter, wie man es nimmt.

Online sparen: Im Internet kann man die Tarife der Kfz-Versicherungen vergleichen

...TRITTSICHER ODER NICHT?

Versicherungen schützen zwar nicht vor Alltagsgefahren, aber im Fall der Fälle zahlen sie die Schäden. Um auch finanziell lebenslang eine stabile Basis zu haben, sollte außerdem jeder Geld für die private Altersvorsorge zur Seite legen.

Versichern? Muss das sein?

Ein langweiliges, aber wichtiges Thema

„Hatte ich dir eigentlich erzählt, dass ich demnächst auf Klassenfahrt bin? Zehn Tage in England. Das wird bestimmt toll!"

Super. Ihr werdet sicher auch ein paar Tage in London sein. Eine fantastische Stadt. Wenn dann das Wetter mitspielt …

Jeder Versicherungsdschungel lässt sich lichten. Solange man immer weiß, wo es lang geht

„Sauteuer aber auch, nach allem, was man so hört. Und schon sind wir beim Geld."

Du willst mich doch nicht schon wieder anpumpen, oder? Für so eine Gelegenheit gibt dir Mama sicher ein paar Hundert Euro von deinen Honoraren auf dem „Millionärssparkonto" frei. Jeder Auslandsaufenthalt ist ja eine gute Investition in die Zukunft! Aber schau zuerst mal, dass du alles auf die Reihe kriegst und deine Sachen beisammenhast. Personalausweis oder Pass beispielsweise. Und dann sprich auch mal mit deinen Eltern darüber, wie es mit den Versicherungen ausschaut.

„Was meinst du damit? Ich bin doch über meine Eltern versichert."

Sicher, im Grunde hast du recht. Aber ich denke da an den Fall, dass du auf Klassenfahrt krank wirst oder einen Unfall hast. Und da kann es sinnvoll sein, eine spezielle Versicherung abzuschließen. Eine Auslandsreise-Krankenversicherung. Und die gibt es für recht wenig Geld fast an jeder Ecke.

„Aha. Darum habe ich mich bisher noch nicht gekümmert. Das machen meine Eltern für mich. Über sie bin ich doch krankenversichert. Bei der BEK oder der AOK, soweit ich weiß."

Na ja, ich will mich hier nicht über das Gesundheitssystem in Deutschland und die gesetzlichen Krankenkassen auslassen. Ich bin schon froh, als Beamter eine Privatversicherung in Anspruch nehmen zu können. Aber klar ist auch: Die gesetzlichen bieten letztlich nur das Minimum. Für alles medizinisch Notwendige wird zweifellos gezahlt. Aber vieles muss man aus eigener Tasche übernehmen. Mal ganz davon abgesehen, dass du beim Arzt möglicherweise etliche Stunden wartest, bis du drankommst. Und wenn du auf deiner Klassenfahrt krank wirst, kann es sein, dass deine AOK nicht zahlt.

Und mancherorts ist das Gesundheitssystem nicht unbedingt so gut wie bei uns. Daher kann ich dir nur raten, dass deine Eltern zusätzlich für die Zeit deiner Klassenfahrt eine Auslandsreise-Krankenversicherung abschließen. Zum einen wirst du dann in England, falls dir dort was passiert, als Privatpatient behandelt. Was dir im Ernstfall viele Vorteile bringt. Andererseits übernehmen die gesetzlichen Kassen bei Weitem nicht alle Kosten. Da wäre eine Zusatzversicherung schon sinnvoll. Die kostet nicht viel, sie ist bereits ab rund 20 Euro fürs ganze Jahr zu haben. Sprich deine Eltern mal drauf an!

„Ich weiß zwar nicht viel über Versicherungen, Opa, nehme aber stark an, dass so eine Auslandsreiseversicherung eigentlich das kleinste Problem ist – wenn man denn von Problem überhaupt sprechen kann. "

Stimmt schon, Maxi, war halt nur ein aktuelles Beispiel. Ich kann gut verstehen, wenn man in deinem Alter andere Dinge im Kopf hat als Versicherungen.

Ob gesund oder nicht: Angestellte können zwischen einer Vielzahl von Krankenkassen auswählen. Ihre Leistungen unterscheiden sich

„Klar, Opa, aber wenn wir hier über Geld reden, muss das

auch mal sein. Mich interessiert noch, welche Versicherung man so braucht."

O.k., wenn du unbedingt willst. Aber hoffentlich langweile ich dich damit nicht! Ich beginne mal mit den Versicherungen, mit denen du momentan nichts zu tun hast oder die dich nur indirekt betreffen. Da wäre zuerst die Sozialversicherung. Dazu gehören die gesetzliche Renten-, die gesetzliche Kranken- und Pflegeversicherung sowie die Arbeitslosenversicherung. Da muss, vereinfacht gesprochen, jeder rein, der einen Chef hat und deshalb Arbeitnehmer ist. Die Versicherungsbeiträge teilen sich je zur Hälfte der Arbeitgeber und der Mitarbeiter. Das Geld fließt in einen großen Topf, woraus dann die jeweiligen Leistungen gezahlt werden. Das Ganze nennt sich auch Umlageverfahren. Nach dem Motto: Einer für alle, alle für einen. Das gilt für die Rente, für die Arbeitslosigkeit, Krankheit und Pflegefälle. Insgesamt werden vom Bruttogehalt dafür etwa 20 Prozent abgezogen. Weitere 20 Prozent muss der Arbeitgeber zahlen. Wenn du also 3000 Euro monatlich brutto verdienst, dann gehen davon 600 an die Sozialversicherungen plus 600 vom Arbeitgeber.

„Also damit habe ich doch jetzt, zwei Jahre vor dem Abi, wirklich noch nichts am Hut."

Fast richtig. Selbst zahlen für die gesetzliche Sozialversicherung musst du erst, wenn du einen eigenen Job hast und Geld verdienst. Oder aber dein Neben- oder Ferienjob als Schüler oder Student dermaßen lukrativ ist, dass du auch dann Sozialbeiträge zahlen musst. Doch selbst, wenn dem nicht so sein sollte, bist du auf Umwegen betroffen. Und zwar über die Familienversicherung bei der gesetzlichen Krankenkasse. Viele Leute lassen zwar an dem System der gesetzlichen

Gesundheitsversorgung kein gutes Haar. Aber zumindest ein Gutes hat sie: Wenn etwa dein Vater als Arbeiter oder Angestellter Geld verdient und gesetzlich krankenversichert ist, dann sind auch deine Mutter, du und deine Geschwister automatisch mitversichert, ohne dass das einen müden Cent extra kostet. So gesehen also betrifft dich das ebenfalls, wenn auch nicht unmittelbar.

„Gibt es denn auch noch andere Versicherungen, die man so braucht?"

Und ob. Du kannst dich eigentlich gegen alles versichern. Mit den gesetzlichen Sozialversicherungen hat das dann direkt nichts zu tun. Das alles läuft unter dem Oberbegriff „private Vorsorge". Entweder um Leistungen der gesetzlichen Versicherungen zu verbessern, oder aber du übernimmst die Absicherung selbst, weil es einen entsprechenden gesetzlichen Schutz nicht gibt. Wie man es dreht und wendet: Ohne private Vorsorge kommt heute keiner mehr aus. Spätestens, wenn du einen festen Job hast und Geld verdienst, wirst du dich wohl oder übel darum kümmern müssen. Richte dich schon mal darauf ein, dass du einen Teil deines Einkommens zur Seite legen musst für private Versicherungen.

Die Familienversicherung ist praktisch – für Alleinstehende aber keine Option

„Was dann wohl auch bedeutet, dass mir von dem Geld, was ich verdiene, weniger für andere Dinge bleibt."

So wird es wohl kommen. Es gibt private Versicherungen, zu denen man gezwungen wird, wichtige und auch ganz überflüssige Versicherungen.

„Lass uns von oben nach unten gehen, Opa. Also von erzwungen über wichtig bis ziemlich oder ganz überflüssig."

Zu den Versicherungen, die du „erzwungen" genannt hast, gehören vor allem die Versicherungen des staatlichen Fürsorgesystems. Über die hatten wir gerade gesprochen. Dann gibt es noch eine weitere Zwangsversicherung, nämlich die Kfz-Haftpflicht. Die trägt den Schaden, den du bei einem anderen Auto verursachst, wie ich vorhin schon erklärt habe. Jemand, der sein Auto zulässt und damit durch die Gegend fährt, muss eine Kfz-Haftpflichtversicherung haben. Was auch vernünftig ist. Würde nämlich jeder, der einen Unfall verursacht, den Schaden selbst bezahlen müssen, wäre halb Deutschland pleite. Ganz zu schweigen vom Ausmaß, das die Fahrerflucht vermutlich annehmen würde.

„Opa, wenn nun noch die Kosten der Versicherungen dazukommen, die nicht Pflicht sind, die du aber für sinnvoll hältst – wovon soll ich dann leben? Ich muss Miete zahlen, will in den Urlaub fahren und am Wochenende einen draufmachen."

Das schaffen unzählige Menschen in Deutschland. Und die sind beileibe nicht alle Millionäre. Jetzt bleib mal auf dem Boden der Tatsachen. Wir können ja gemeinsam überlegen, welche Versicherungen später einmal für dich sinnvoll sind.

„O.k., ich beruhige mich wieder. Schieß mal los, bitte."

Es gibt tatsächlich einige Versicherungen, auf die du keinesfalls verzichten solltest. Auch wenn dich niemand dazu zwingt, solche Policen abzuschließen. Allgemein sind das Versicherungen, die dir finanziell aus der Patsche helfen, weil in bestimmten Situationen deine wirtschaftliche Existenz auf dem Spiel steht. Und oft auch die deiner Familie, sobald du vielleicht mal Frau und Kinder hast. Im Einzelnen sind das eine private Haftpflichtversicherung für die ganze Familie, weil jeder mit seinem gesamten Vermögen zur Rechenschaft gezogen wird, falls er einem anderen einen Schaden zugefügt hat. Extrem wichtig ist auch eine private Berufsunfähigkeitsversicherung. Zwar gibt es die gesetzliche Erwerbsminderungsrente.

Kommt erst mal richtig Gehalt aufs Konto, sollte verfügbares Geld nicht gehortet werden. Private Vorsorge ist besser

Aber vor allem junge Leute bekommen sehr wenig Geld, wenn sie denn wegen einer Krankheit oder nach einem Unfall ihre Arbeit und ihr Einkommen verlieren. Über andere Versicherungen und deren Notwendigkeit muss man reden. Manchmal sind sie nötig, manchmal nicht. Oder sogar überflüssig, weil sie für die Leistungen, die sie bieten, zu viel kosten.

„Wenn ich dich richtig verstehe, heißt das: Sobald mein Studium vorbei ist, ich einen Job habe und Geld verdiene, ich nicht mehr daheim lebe und vielleicht sogar eine Familie habe, sollte ich mich um eine Berufsunfähigkeits- und eine private Haftpflichtversicherung kümmern."

Spätestens dann, das stimmt. Außerdem solltest du überlegen, welchen Versicherungsschutz du sonst noch brauchst.

„Die Rente ist für mich heute noch kein Thema. Wenn meine Alten am Abend anfangen, über die Rentenpolitik zu diskutieren, bin ich ganz schnell wieder weg und an meinem PC."

DIE BESTEN INFOS IM INTERNET

Bund der Versicherten e. V.:	**www.bundderversicherten.de**
Verbraucherzentralen:	**www.verbraucherzentrale.de** **www.vzbv.de**
Stiftung Warentest:	**www.test.de** **www.testberichte.de**
Gesamtverband der Deutschen Versicherungswirtschaft:	**www.gdv.de**
Versicherungsvergleiche:	**www.fss-online.de** **www.tarifchecks.de** **www.versicherungsvergleich.de** **www.einsurance.de** **www.map-report.de**

Kann ich verstehen, für junge Leute wie dich ist das ein ziemlich dröges Thema. Wer 18 ist, denkt an alles Mögliche, aber nicht an die Rente, die es vielleicht mal in 40 oder 50 Jahren gibt. Aber irgendwann wirst du dich damit beschäftigen müssen, ob du nun willst oder nicht. Und je früher, desto besser. Denn je früher du was für deine Altersvorsorge tust, desto mehr lohnt es sich im Alter.

„Rente ist doch was für Rentner. Und damit habe ich nichts zu tun. Ich will einmal Millionär werden und so viel Kohle haben, dass ich auf Rente nicht angewiesen bin."

Na, garantiert ist das aber nicht, dass du Millionär wirst, auch wenn du als Buchautor schon einen schönen Grundstock gelegt hast. Klar, Rentner bekommen Rente. Aber hast du irgendwann schon mal darüber nachgedacht, wo das Geld herkommt, wer also die Renten bezahlt? Gerade haben wir über die gesetzliche Sozialversicherung gesprochen. Die funktioniert nach dem Umlageverfahren. Das heißt also: Was Rentner bekommen, finanzieren junge Leute, die Arbeit haben und deshalb Geld verdienen, mit ihren Beiträgen. Den Rest steuern die Unternehmen bei und auch der Staat, der jedes Jahr Milliarden Euro zuschießt. Das heißt also: ohne Einnahmen keine Ausgaben.

„Aber wo liegt das Problem? Warum hat alle Welt Angst, im

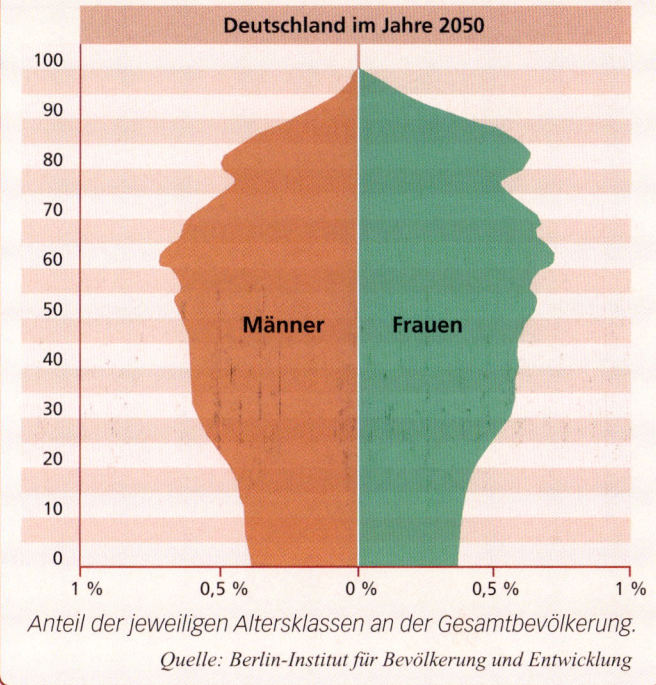

DEMOGRAFISCHE ENTWICKLUNG

Die typische Altersstruktur einer Bevölkerung ähnelt in der Darstellung einem Pilz. In modernen Industriegesellschaften wie Deutschland fehlt die junge Generation, das „Fundament".

Deutschland im Jahre 2050

Männer   Frauen

100
90
80
70
60
50
40
30
20
10
0

1 %   0,5 %   0 %   0,5 %   1 %

Anteil der jeweiligen Altersklassen an der Gesamtbevölkerung.
Quelle: Berlin-Institut für Bevölkerung und Entwicklung

Alter arm zu sein und sich nichts leisten zu können?"

Das Problem ist relativ simpel. In Deutschland nimmt der Anteil älterer Leute zu, vor allem dank des medizinischen Fortschritts. Der Anteil jüngerer nimmt ab, es werden zu wenige Kinder geboren. Aber unsere Rentner werden durch den Teil der Bevölkerung finanziert, der arbeitet. Das ist eine enorme Belastung für die staatlichen Sozialsysteme. Also nicht nur für die Rentenkasse, auch für die gesetzlichen Krankenkassen und die Pflegeversicherung.

Und die ziemlich üble Konsequenz ist, dass die staatlichen Leistungen der Sozialsysteme, also die Höhe der Rente und der Umfang der Gesundheitsfürsorge, immer weiter beschnitten werden. Im Grunde also tut jeder gut daran, sich so früh wie möglich über die private Vorsorge Gedanken zu machen. Und private Vorsorge heißt: Für all das, was der Staat nicht mehr finanzieren kann, muss man selbst sorgen. Naheliegenderweise durch die dafür geeigneten Versicherungen.

„Heißt also: Wenn ich mal 60 oder 70 bin, kriege ich sowieso keine Rente mehr."

Ich hoffe, so weit wird es nicht kommen. Wahrscheinlich wirst du schon noch eine Rente aus der gesetzlichen Kasse erhalten. Fragt sich nur, wie hoch die ist und was du dir davon kaufen kannst. Ich gebe dir Brief und Siegel darauf, dass das Geld hinten und vorn nicht ausreichen wird – falls es dir nicht gelingt, tatsächlich doch noch Millionär zu werden.

„So ein Mist, jetzt weiß ich endlich, um was es geht, wenn sich meine Eltern über die Rente unterhalten.

Und dagegen kann man wirklich nichts tun? Da habe ich gar keine Lust, alt zu werden …"

Wer hat denn dazu schon Lust? Aber für seine Versorgung kann man wirklich etwas tun. Du musst halt eigenes Geld in die Hand nehmen und darfst dich nicht darauf verlassen, dass der Staat alles für dich richten wird. Das nennt sich „private Altersvorsorge", wovon du sicherlich hin und wieder schon etwas gehört hast. Die Versicherungen in Deutschland haben da viele Angebote.

„Und das soll ich wirklich jetzt schon machen, obwohl ich noch nicht volljährig bin?"

Nein, bestimmt nicht. Aber du solltest dich drum kümmern, sobald du einen Job hast und eigenes Geld verdienst. Und jetzt verstehst du wohl auch, warum deine Mama im Moment noch so knickerig darauf achtet, dass du deine schönen Autorenhonorare nicht auf den Kopf haust, sondern dieses Geld zurückgelegt wird, um später etwas in der Hinterhand zu haben.

Riester-, Rürup-, Firmenrente – wer früh genug abschließt, kann sich auch im Alter etwas leisten

„Noch mal zurück zu dieser ‚privaten Altersvorsorge'. Wie soll ich mir das denn überhaupt leisten?"

Indem du zuerst mal genau nachrechnest und schaust, wie viel Geld dir jeden Monat übrig bleibt, um private Vorsorge zu betreiben. Ziemlich gut ist, dass dir der Staat dabei hilft. Es gibt nämlich einige Finanzprodukte, mit denen du privat fürs Alter vorsorgen kannst und bei denen du reichlich Geld vom Staat dazubekommst.

„Klasse, was ist das, wo krieg ich es, was muss ich machen?"

Meine Antworten lauten – wie gewünscht in der Reihenfolge deiner Fragen – wie folgt: es sind die Riester-Rente, die Rürup-Rente und die Rente von der Firma. Das alles kriegst du bei Versicherern und Fondsgesellschaften. Machen musst du heute noch nichts, sondern erst, wenn du einen Job und damit ein eigenes Einkommen hast.

„Toll, und was soll ich mit diesen Informationen anfangen?"

Das bleibt dir überlassen. Zumindest weißt du, dass der Staat bei diesen Angeboten der eigenen Altersvorsorge viel Geld zuschießt. Entweder durch direkte Förderung oder durch Steuerersparnisse. Ich kann dir nur raten, später einmal das Geld mitzunehmen. Denn viel preiswerter kannst du deine private Altersvorsorge nicht gestalten.

„Wenn ich dich richtig verstehe, muss ich mir meine Rente später aus unterschiedlichen Töpfen holen, damit ich über die Runden komme."

Da hast du völlig recht. Es gibt nur eine Kleinigkeit aus der staatlichen Rentenkasse. Wie hoch diese Kleinigkeit sein wird, kann dir heute niemand sagen. Dann deine Einnahmen aus der Eigenvorsorge, die vom Staat gefördert wird. Das sind, wie bereits gesagt, Riester-, Rürup- oder Firmenrente. Und falls du dann noch Geld übrig hast, solltest du das irgendwo anders verzinslich anlegen.

„Opa, du hast mir beigebracht, möglichst viel Leistung für sein Geld zu verlangen. Wie finde ich Versicherungen oder sonstige Geldanlagen, die mir das meiste für mein Geld bieten?"

Da gibt es unterschiedliche Möglichkeiten. Entweder du liest Wirtschafts- und Verbrauchermagazine. Die vergleichen laufend fachmännisch Preise und Leistungen von Angeboten bei der privaten Altersvorsorge. Der Nachteil ist: Du musst jedes Mal zum Kiosk rennen und Geld dafür bezahlen. Einfacher und auch schneller geht es im Internet. Da gibt es mittlerweile ungezählte Seiten, auf denen du das für dich passende Angebot eines Versicherers finden kannst. Das gilt im Übrigen nicht nur für die private Altersvorsorge, sondern für sämtliche Versicherungen, die man so braucht oder eben nicht benötigt.

„So langsam kapier ich, was hier abgeht. Du willst mir nämlich sagen, dass ich mein Geld weder heute und erst recht nicht später einfach auf den Kopf hauen, sondern gut anlegen soll…"

Genau das. Aber nicht einfach auf dem Sparbuch. Es gibt einige lukrative Anlageformen, die dir über Jahre und Jahrzehnte hohe Gewinne in Aussicht stellen. Darüber können wir ja mal reden.

DAS DREI-SCHICHTEN-MODELL BEI DER ALTERSVORSORGE

Wer sein Arbeitsleben gegen den Ruhestand eintauscht, will dabei seinen Lebensstandard halten. Das nötige Geld kann aus mehreren Töpfen kommen.

Produkte/Formen	Förderung und Besteuerung
Basisversorgung	
Gesetzliche Rentenversicherung Berufsständische Versorgung Landwirtschaftliche Alterskasse Rürup-Rente	*In der Ansparphase:* Beiträge werden stufenweise als Sonderausgaben absetzbar (bis 2025 zu 100%, maximal 20.000 Euro pro Person und Jahr) *In der Rentenphase:* Übergang zur vollständigen nachgelagerten Besteuerung (ab dem Jahr 2040 zu 100%)
Zusatzversorgung	
Riester-Rente Direktversicherung Direkt- oder Pensionszusage Unterstützungskasse Pensionskassen Pensionsfonds	Beiträge werden durch steigende Zulagen und/oder Sonderausgabenabzug gefördert Beiträge sind steuerfrei teilweise von Sozialabgaben befreit Auszahlungen sind nachgelagert steuerpflichtig
Vermögensaufbau	
Private Rentenversicherung	*In der Ansparphase:* keine steuerliche Förderung, Beiträge aus versteuertem Einkommen *In der Rentenphase:* Nur der Ertragsanteil der Rente wird versteuert
Kapitallebensversicherung Investmentpläne Aktien Banksparpläne	*In der Ansparphase:* keine steuerliche Förderung, Beiträge aus versteuertem Einkommen, volle Steuerpflicht; bei Kapitallebensversicherung wird der Ertragsanteil nur mit 50% angesetzt

EINTRÄGLICH UND SICHER

Der Traum aller Anleger: flüssig zu sein bei einer guten Rendite, die nicht in Gefahr gerät. Immerhin gelingt in der Realität zumindest die Annäherung.

Die erste Million ist die schwierigste

Sparen und Geld anlegen

„Opa, lass uns noch mal darüber reden, wie man Millionär wird. Du hattest gesagt, man muss entweder erben oder Unternehmer werden. O. k., das habe ich verstanden. Von meinen 50.000 Euro investiere ich die Hälfte in eine eigene Firma. Und was mache ich mit den anderen 25.000? Das würde ich jetzt gern mal wissen."

Die zweite Million muss warten. Gearbeitet wird noch an der ersten

Na gut, lass uns vorher aber ein paar grundsätzliche Punkte diskutieren. Die erste Million ist immer die schwierigste. Und falls du zu ungeduldig wirst, zu gierig oder aber – was häufig passiert – auf die falschen Ratgeber hörst, wirst du wahrscheinlich dein blaues Wunder erleben. Das heißt: Aus der ersten, der zweiten und auch der dritten Million wird auf diese Weise nix.

„Dann fang mal an."

Mit deinen 25.000 Euro solltest du eins vor Augen haben: das sogenannte magische Dreieck. Dessen Eckpunkte tragen die Bezeichnungen Rendite, Sicherheit und Liquidität. Es kommt also vor allem darauf an, durch die passende Anlageform den „richtigen" Platz für dein Geld in diesem Dreieck zu finden. Denn es gilt: Wer möglichst hohe Erträge haben möchte, muss in puncto Sicherheit Abstriche machen. Außerdem gilt: Je höher die Liquidität der Anlageform, also je besser die Verfügbarkeit deines investierten Vermögens, desto geringer sind die Gewinnchancen. Wenn dein Vermögen in einem Haus steckt, dann würde es ein paar Monate dauern, bis du durch einen Hausverkauf an das Geld rankommst, das du brauchst. Eine Immobilie ist also nicht besonders liquide, dafür aber sicher, und vielleicht bringt sie auch gute Erträge. Um das auf einen Nenner zu bringen: Es liegt allein an dir, was du aus dieser Erkenntnis machst.

Maximilians Gesichtsausdruck lässt nicht darauf schließen, dass er diese Weisheit im ersten Anlauf begriffen hat.

„Das ist mir ein bisschen zu verwirrend, Opa. Wo soll ich denn mein Geld anlegen? Soweit ich weiß, haben meine Eltern ein Sparbuch für mich. Das reicht doch, oder nicht?"

Gerade für Kinder und Jugendliche ist das Sparbuch sicher ein guter Start. Mehr aber auch nicht. Denn mit dem Büchlein wirst du garantiert kein Millionär. Im Gegenteil. Weil das Sparbuch nur sehr geringe Zinsen abwirft, machst du über die Jahre damit dicke Verluste. Denn die mickrige Verzinsung gleicht die Inflationsrate bei Weitem nicht aus. Wenn du also dein Geld auf dem Sparbuch lässt, kannst du dir in Zukunft immer weniger damit kaufen. Eine gute Geldanlage sollte hingegen mehrere Dinge gleichzeitig schaffen: die Inflation ausgleichen, also die Kaufkraft erhalten – und vor allem auch das Vermögen „real" langfristig mehren. „Real" heißt, wie viel bleibt übrig, wenn die Inflationsrate und die Steuern abgezogen sind.

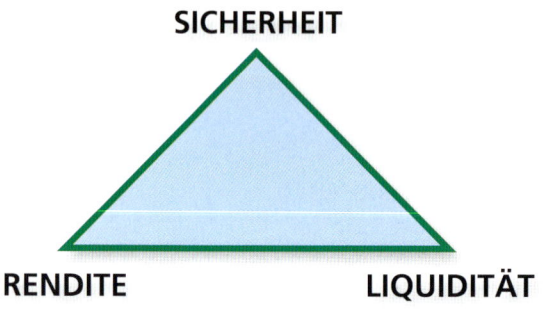

„Du hast eben vom ‚magischen Dreieck' gesprochen. Und davon, dass es sichere Anlageformen gibt, die eigentlich wenig bringen. Und solche, die sehr gute Renditechancen haben, aber dafür riskant sind. Kannst du mir mehr über die sicheren Sachen erzählen?"

Das mach ich gern, wobei „sicher" relativ ist. Es kommt also darauf an, aus welchem Blickwinkel du die ganze Sache betrachtest. Als „sicher" werden im Grunde alle Anlage-

formen bezeichnet, die Zinsen einbringen. Wobei es in puncto Sicherheit dann eben gewisse Abstufungen gibt, wie bereits angedeutet.

„Und was ist sehr sicher? Wo brauche ich mir also keine Sorgen zu machen, dass mein Geld futsch ist?"

Als sehr sicher angelegt gilt dein Geld bei Banken und Sparkassen. Das hängt damit zusammen, dass fast alle Institute einem der sogenannten Einlagensicherungsfonds angehören. Falls also eine Bank pleitegeht, sorgt dieser Fonds dafür, dass die Kunden ihr Spargeld wiederbekommen. Bei den Filialen ausländischer Banken solltest du allerdings vorsichtig sein. Die gehören nicht immer einem der erwähnten Feuerwehrfonds an. Am besten vorher fragen! Falls sie nicht Mitglied sind, solltest du nicht mehr als 20.000 Euro dort anlegen. Denn nur so viel ist bei einer Bankpleite geschützt.

Gut aufgehoben: Selbst wenn die Bank pleitegeht, sind bis zu 20.000 Euro geschützt.

„Gibt es denn bei den Banken nur Sparbücher?"

Zum Glück nicht. Du kannst praktisch bei allen Instituten unter zahlreichen Angeboten wählen. Vom Sparbuch über Tages- und Festgeldkonten bis hin zu Sparbriefen und Banksparplänen. Das sind alles Anlageformen, für die du als Bankkunde ausschließlich Zinsen bekommst. Und diese Zinsen sind, abhängig von der Anlagedauer, mal höher und mal niedriger. Zudem bieten viele Banken auch spezielle Sparformen, bei denen die Treue durch Bonuszahlungen belohnt wird. Das ist allerdings sehr unübersichtlich. Hier solltest du schon genau hinschauen, welches Institut dir für dein Geld das beste Angebot macht. Zum Glück gibt es allerdings Alternativen zu diesen Sparangeboten der Banken.

„Jetzt wird es interessant. Welche sind das denn?"

Allgemein festverzinsliche Wertpapiere, die oft auch Anleihen oder Schuldverschreibungen genannt werden.

„Und wie funktionieren die?"

Von der Systematik her ist es eigentlich relativ einfach. Allerdings wird es ziemlich kompliziert, sobald es ans Eingemachte geht. Stell dir vor, da braucht jemand Geld. Nicht mal eben ein paar Tausend Euro, um sich neue Möbel zu kaufen. Sondern gleich eine oder gar 20 oder 30 Milliarden Euro.

„Wer braucht denn so viel Geld?"

Praktisch jeder Staat, um die Sozialsysteme zu finanzieren oder aber in Straßen, Kindergärten, Schulen oder Universitäten zu investieren. Aber auch große Unternehmen wie Siemens oder Daimler brauchen manchmal Milliarden Euro, weil beispielsweise die Entwicklung neu-

Gegen leere Staatstresore helfen Anleihen. Erträge daraus sind sicher

er Automodelle vorfinanziert werden muss. Der Kern der ganzen Sache liegt nun darin, dass keine Bank und keine Sparkasse so viel Geld übrig hat. Also macht man aus dem gesamten Kreditbedarf kleinere Stückchen und verkauft die an Großanleger und auch an Kleinsparer wie dich und mich. Zum Ausgleich dafür, dass du diesen Schuldenmachern dein hart verdientes Geld leihst, bekommst du jedes Jahr deine vertraglich vereinbarten Zinsen, und am Ende erhältst du – falls nichts schiefgeht – dann dein gesamtes Geld zurück. Kurz und gut: Du kannst also mit den Schulden, die andere machen, selbst Geld verdienen und auf diese Weise Schritt für Schritt wohlhabend werden.

„Wie viel Zinsen bekomme ich denn?"

Diese Frage lässt sich generell nicht beantworten. Die Zinsen für solche Schuldpapiere sind nämlich mal höher und mal niedriger.

„Das hilft mir jetzt nicht besonders viel weiter. Wann sind sie mal höher und wann mal niedriger?"

Kommt drauf an. Klar, ich weiß, dass dieser Satz ziemlich blöd klingt. Aber letztlich ist es so. Wie viel Zinsen du bekommst, hängt von einigen wichtigen Faktoren ab. Zum einen davon, wie hoch die Inflationsrate ist und ob es der Wirtschaft eher gut oder eher schlecht geht. Merke: Bei einer vergleichsweise hohen Inflationsrate und brummender Konjunktur sind die „Renditen" von Anleihen – „Rendite" ist der bessere Begriff als „Zinsen" – eher hoch. Aber auch umgekehrt wird ein Schuh daraus.

Die Renditen sind niedrig bei recht geringer Geldentwertung und ziemlich müder wirtschaftlicher Entwicklung. Dann kommt es natürlich drauf an, wie lange du dein Geld weggeben möchtest. Normalerweise gilt: Eine Anleihe, von der wir eben gesprochen haben, wirft umso mehr Rendite ab, je länger sich ein Schuldenmacher Geld borgt. Wenn du also ein Schuldpapier mit zehn Jahren Laufzeit kaufst, bringt dir das mehr als bei einem anderen, das nur zwei Jahre Laufzeit hat. Wie gesagt: Normalerweise ist das so. Schließlich kommt es auch auf die sogenannte Bonität des Kreditnehmers an. Auch „Bonität" ist ein Fachbegriff. Hier geht es um die wirtschaftliche Stabilität des Schuldners. Je höher die Wahrscheinlichkeit ist, dass ein solcher Schuldner seinen finanziellen Verpflichtungen – also der Zahlung von Zinsen und späteren Tilgung des Kredits – nachkommt, desto höher ist seine Bonität.

„Und was heißt das nun alles für mich, wenn ich mein Geld in solche Anleihen, oder wie die nun heißen, anlegen möchte?"

Wenn du völlig auf Nummer sicher gehen und kein Risiko eingehen möchtest, kaufst du am besten europäische Staatsanleihen, beispielsweise von Deutschland, Frankreich, Österreich oder Holland. Solche Staaten können praktisch nicht pleitegehen, weil sie die Steuerhoheit haben. Du bekommst also deine Zinsen und die Rückzahlung deines Kapitals mit großer Sicherheit. Auf der anderen Seite werfen solche Anlagen eine eher geringe Rendite ab, weil die Verlustrisiken verschwindend klein sind. Wenn du mehr Zinsen haben möchtest, musst du größere Risiken eingehen. Also Schuldpapiere etwa von Entwicklungsländern oder Unternehmen kaufen. Das würde ich dir vorläufig jedoch nicht empfehlen, weil das viel zu gefährlich ist.

Immerhin gibt es sogenannte Ratingagenturen, die die Kreditwürdigkeit von Ländern und Unternehmen bewerten und ihre Einstufungen (Ratings) dem Markt zur Verfügung stellen. Die beiden bekanntesten Anbieter sind Moody's und Standard & Poor's. Durch die seit 2007 anhaltende Finanzkrise hat der Ruf vieler Ratingagenturen gelitten, trotzdem sollte man im Zweifelsfall Anleihen von gut gerateten Kreditnehmern eher bevorzugen.

„O. k., Opa. Wenn ich halbwegs gute Zinsen haben möchte und dabei kein Risiko eingehen will, dann sollte ich später mein Geld, das ich nicht kurzfristig brauche, also dem deutschen Finanzminister geben. Egal, wie der gerade heißt."

Nicht direkt dem deutschen Finanzminister, sondern dem Staat Deutschland durch den Kauf von Schuldpapieren. Da

RISIKO-HINWEISE VON RATINGAGENTUREN

Tipp: Wer als Anleger gut schlafen will, sollte kein Rating schlechter als Ba3 bzw. BB- akzeptieren und lieber auf höhere Zinsen verzichten. Dass ein Schuldner keine Qualitätsbewertung von einer der beiden Agenturen hat, bedeutet nicht automatisch mangelnde Solidität. Eine Reihe von privaten Kreditnehmern wie Industrieunternehmen haben kein Rating. Im Zweifelsfall sollte man aber auf Nummer sicher gehen und Anleihen von gerateten Kreditnehmern bevorzugen.

Moody's	Bedeutung	Standard & Poor's
Aaa	außergewöhnlich guter Schuldner	AAA
Aa1	sehr guter Schuldner	AA+
Aa2 Aa3	guter Schuldner	AA AA-
A1 A2 A3	guter Schuldner	A+ A A-
Baa1 Baa2 Baa3	relativ guter Schuldner	BBB+ BBB BBB-
Ba1 Ba2 Ba3	relativ schlechter Schuldner	BB+ BB BB-
B1 B2 B3	schlechter Schuldner	B+ B B-
Caa Ca C	sehr schlechter Schuldner	CCC CC C
—	Konkursfall	D

hast du außerdem eine große Auswahl. Tagesgeld, ein- und zweijährige Finanzierungsschätze, Bundesschatzbriefe mit sechs (Typ A) oder sieben Jahren (Typ B) Laufzeit, fünfjährige Bundesobligationen sowie ganz normale Bundesanleihen mit teilweise mehr als zehn Jahren Laufzeit. Du hast praktisch die freie Auswahl.

„Und dann werde ich mit solchen Staatspapieren bestimmt irgendwann Millionär?"

Eher nicht. Es sei denn, du legst von vornherein einen ziemlich hohen sechsstelligen Betrag an und wartest eine kleine Ewigkeit.

„Was bringt denn nun die höchsten Gewinne?"

Wenn man die vergangenen Jahrzehnte betrachtet, ganz klar: Aktien und Aktienfonds.

„Davon gehört habe ich schon. Aber was Aktien sind, das weiß ich immer noch nicht so richtig."

Aktien sind Anteile an Unternehmen, die normalerweise an der Börse gehandelt werden. Wenn du also eine Aktie kaufst, hast du ein winziges Stück Miteigentum – beispielsweise an Porsche, Siemens oder der Deutschen Telekom. Ich hab in meinem Leben ehrlich gesagt nie eine Aktie gekauft. So gesehen bin ich ein typisch deutscher Geldanleger. Im Vergleich zu anderen Ländern kaufen die Deutschen relativ wenig Aktien. Ich weiß aber, dass das eigentlich falsch ist. Denn über einen langen Zeitraum, sagen wir mal zehn bis 20 Jahre, kann man mit einem gut gemischten Aktienpaket immer mehr gewinnen als mit anderen Geldanlagen.

„Kann ich als Miteigentümer irgendetwas entscheiden?"

Im Grunde ja. Auch wenn es im wahren Leben nicht so einfach ist. Als Aktionär bist du Miteigentümer an einem Unternehmen. Du kannst deshalb über die Geschäftspolitik der Firma mitbestimmen, allerdings nicht jeden Tag. Wenigstens aber einmal im Jahr. Und zwar auf der Hauptversammlung, die börsennotierte Unternehmen alle zwölf Monate abhalten müssen. Dort treffen sich die Eigentümer der Firma, also die Aktionäre, und hören sich an, was der Vorstand und das Kontrollgremium, der Aufsichtsrat, zu sagen haben. Und wenn es um etwas Wichtiges geht, dann dürfen die Miteigentümer darüber abstimmen. Als einzelner Aktionär hat man da mit kleinen Aktienpaketen allerdings nicht viel zu sagen. Immerhin hat man Rederecht schon mit einer Aktie.

„Als Aktionär bin ich also ein kleiner Firmenchef? Ist ja Klasse, doch eigentlich wollte ich Millionär werden…"

Kannst du ja auch, falls du denn genug Aktien hast. Was momentan wahrscheinlich nicht möglich ist. Um mal ein wenig grundsätzlicher zu werden: Wenn du Aktien kaufst, darfst du nicht nur über die Unternehmenspolitik mitbestimmen. Du wirst auch belohnt dafür, einer Firma dein Geld zur Verfügung gestellt zu haben. Und zwar dadurch, dass du einmal

Der erfahrene Anleger hat Bulle und Bär, die Symbole für das Auf und Ab der Börsen, immer fest im Blick

im Jahr eine Gewinnbeteiligung erhältst. Der Fachbegriff lautet „Dividende". Und wenn es der Firma gut geht, sie also Jahr für Jahr mehr Umsatz und höheren Gewinn macht, wird auch der Börsenkurs der Aktie steigen. Kursgewinne sind letztlich das eigentlich Interessante für Aktionäre. Nicht so sehr die Dividenden.

„Mit welchem Gewinn kann ich denn bei Aktien rechnen, egal wie viele ich habe?"

Acht bis zehn Prozent im Jahresschnitt sind schon drin. Das heißt umgekehrt, dass du deinen Einsatz in rund zehn Jahren verdoppeln kannst. Wenn du also am Anfang für 1000 Euro Aktien kaufst, könnten es nach einem Jahrzehnt durchaus 2000 Euro sein.

„Das haut mich nicht gerade vom Hocker."

Das ist aber dein Problem. Acht bis zehn Prozent im Jahresschnitt sind wirklich nicht zu verachten. Außerdem nehme ich an, dass dir die Zinseszinsrechnung ein Begriff ist.

„Ja klar!"

Je länger du demnach dein Geld anlegst, nichts davon wegnimmst, desto stärker wirkt der Zinseszinseffekt. Man muss eben nur die Kursgewinne sowie die regelmäßigen Erträge, das sind in der Hauptsache Zinsen und Dividenden, neu anlegen – „reinvestieren", wie der Fachbegriff heißt. Je länger du das machst, desto stärker werden deine Ersparnisse wachsen.

Die Kurstafel verrät den Verlauf des Preises einer Aktie – nicht deren Dividende

„Klasse, ich kauf mir also Aktien, und nach ein paar Jahren bin ich ein gemachter Mann. Her damit!"

Auch wenn du für dein Alter recht vernünftig bist – deine Begeisterung sollte sich beim Aktienkauf in Grenzen halten.

Wenn das so einfach wäre, würde es jeder tun. Es sind viel mehr Leute mit Aktiengeschäften hereingefallen als Millionär geworden. Allgemein gilt beim Geldanlegen: Man sollte ruhig und überlegt handeln, sich nicht verrückt machen lassen, nicht

WUNDERSAME GELDVERMEHRUNG

Je mehr Geduld ein Sparer hat, umso intensiver wirkt der Zinseszinseffekt. Was aus einer Anfangsinvestition von 10.000 Euro werden kann, zeigt das Beispiel.

Wertzuwachs p. a.	10 Jahre*	20 Jahre*	30 Jahre*
4 %	29.605	43.822	64.868
5 %	32.778	53.066	86.439
6 %	35.817	64.143	114.870
7 %	39.343	77.394	152.245
8 %	43.179	93.219	201.253

* Angaben in Euro   Quelle: eigene Berechnungen

auf angebliche Experten hören und einen langen Atem haben. Das gilt für den Fall, dass du Aktien kaufen willst, ganz besonders. Deshalb gibt es gerade hier ein paar Regeln, die uralt sind, sich aber bewährt haben und deshalb praktisch immer stimmen.

„Lass mich raten, jetzt wird es wieder kompliziert."

Nicht unbedingt. Solche „goldenen" Regeln bei der Geldanlage kannst du an einer Hand abzählen. Vor allem sind sie ziemlich einfach.

„O. k., ich soll mich also nicht verzetteln, nicht ungeduldig werden und mich nicht verrückt machen lassen. Und später, sobald ich – hoffentlich – etwas mehr Geld habe, vor allem möglichst großzügig denken, also meine Kohle gut verteilen. Auch wenn ich dann einen Fachmann brauche, ein paar Fragen habe ich jetzt dennoch. Soll ich lieber viel Geld auf einmal anlegen? Oder aber peu à peu nach der ‚Salamitaktik'"?

DIE „GOLDENEN" REGELN DER GELDANLAGE

Bei der Geldanlage gibt es einige unumstößliche Regeln, die sich fast seit ewigen Zeiten bewähren. Hier sind sie:

- Niemals sämtliche Eier in einen einzigen Korb legen. Also nicht nur Aktien von einem oder zwei Unternehmen kaufen. Falls diese Firmen sich schlecht entwickeln, sind die Verlustgefahren unakzeptabel groß.

- Stattdessen sein Geld möglichst breit streuen – also in die Aktien einer Vielzahl unterschiedlicher Unternehmen. Zudem nicht ausschließlich Aktieninvestments tätigen, sondern auch festverzinsliche Wertpapiere und – falls das eigene Vermögen dies zulässt – alternative Investments wie geschlossene Beteiligungen, Private Equity oder aber Hedgefonds berücksichtigen.

- Einen möglichst langen Anlagehorizont speziell bei Aktienanlagen wählen. Kurzfristig können solche börsennotierten Unternehmensbeteiligungen erheblich im Wert schwanken. Langfristig, also ab fünf bis zehn Jahren, erzielen sie nach den Erfahrungen aus der Vergangenheit überdurchschnittliche Renditen.

- Ideal vor allem für Kleinsparer und Privatanleger sind sogenannte Investmentfonds. Davon gibt es mittlerweile über 6000, die zum Vertrieb in Deutschland zugelassen sind. Das Gute daran ist, dass der Sparer zwischen einer Vielzahl unterschiedlicher Varianten wählen kann: Geldmarktfonds, Rentenfonds aller Art, Aktienfonds, Mischfonds – die sowohl festverzinsliche Wertpapiere als auch Börsenbeteiligungen enthalten –, Dachfonds, in denen ausschließlich Fonds enthalten sind, sowie die als ertragsstabil geltenden Offenen Immobilienfonds. Der Vorteil von Investmentfonds ist, dass man auch mit kleinen Beträgen ab 50 Euro aufwärts eine professionelle Vermögensverwaltung bekommt, bei der dank der breiten Streuung („Diversifizierung") die Risiken spürbar gegenüber einer Einzelanlage gemindert sind, aber langfristig attraktive Renditechancen winken.

- Besonders bei Aktienfonds-Investments bietet sich die Salamitaktik eines monatlichen Sparplans an. Dadurch können die Anlagerisiken nochmals deutlich verringert werden.

Grundsätzlich gilt: Bei allen Anlageformen, deren Wert kurzfristig nach oben und nach unten schwankt, solltest du Investment-Sparpläne bevorzugen. Das gilt besonders für Aktienfonds sowie Dachfonds, die größtenteils Aktienzielfonds enthalten. In einem solchen Fall nutzt du das sogenannte Cost Averaging. Du kaufst jeden Monat für einen stets gleichen Betrag Fondsanteile. Weil deren Preise schwanken, erwirbst du mal weniger und mal mehr.

Unter dem Strich bekommst du dadurch einen günstigen Durchschnittskurs. Das funktioniert sogar, wenn die Börsen total abschmieren. Fachleute sagen, dass du bei einem Aktienfonds-Sparplan, dem du treu bleibst, nach spätestens acht bis zehn Jahren garantiert in der Pluszone bist. Bei als sicher geltenden Anlageformen, also deutschen Staatsanleihen, Rentenfonds oder Geldmarktfonds, kannst du durchaus höhere Beträge auf einen Schlag investieren. Hier sind die Schwankungen, falls es sie denn überhaupt gibt, weit weniger ausgeprägt.

KONSTANTE SPARRATE BRINGT AM MEISTEN

Anteilspreis	Strategie 1 Monatlich konstante Sparrate		Strategie 2 Monatlich identische Stückzahl	
In Euro	Euro	Stück	Stück	Euro
50	200	4,0	5	250
50	200	4,0	5	250
40	200	5,0	5	200
40	200	5,0	5	200
50	200	4,0	5	250
80	200	2,5	5	400
50	200	4,0	5	250
20	200	10,0	5	100
50	200	4,0	5	250
80	200	2,5	5	400
Summe	2.000	45	50	2.550
Preis je Anteil	44,44 Euro		51,00 Euro	

Quelle: eigene Berechnungen

„Das bedeutet also, Opa, mich kostet dann im Durchschnitt ein Anteil bei konstanter Sparrate weniger, als wenn ich immer die gleiche Zahl von Aktien oder Anteilscheinen im Monat kaufe."

Ja, Maximilian, das hast du begriffen.

„Wo kann ich mich denn informieren, welche Fonds wie viel Gewinn bringen?"

In Deutschland gibt es zum Beispiel eine Branchenvereinigung mit Namen „Bundesverband Investment und Asset Management" (BVI). Die zeigen regelmäßig auf ihrer Internetseite (**www.bvi.de**), wie viel Geld du im Schnitt aller Fonds bei einer Einmalanlage und bei Sparplänen verdienen konntest. Aber denk dran: Das sind alles Werte für die Vergangenheit. Es kann dir niemand garantieren, dass das in Zukunft auch so läuft.

„Ich denke, in ein paar Jahren wird es diese Infos im Internet auch noch geben. Ich werde mich also drum kümmern, wenn es soweit ist. Was mir gerade noch einfällt: Du sagtest, bei den Preisen für die Fondsanteile handelt es sich um Durchschnittswerte. Soweit ich weiß, bedeutet Durchschnitt: Einiges ist schlechter und anderes ist besser als dieser Durchschnitt. Wie finde ich denn die guten und wie die schlechten Fonds?"

Auch im Internet. Allerdings musst du dir da ein wenig mehr Mühe geben. Der genannte BVI listet die Gewinne sämtlicher Fonds auf, seitdem es die gibt. Du kannst dazu aber auch andere bekannte Internetseiten aufsuchen, wie www.onvista.de, www.comdirect.de, www.fondsweb.de und, und, und. Um da vernünftige Ergebnisse zu bekommen, musst du allerdings genau eingeben, was du suchst. Beispielsweise: Investmentfonds mit Anlageschwerpunkt Deutschland in den vergangenen 30 Jahren. Aber wie ich dich kenne, schaffst du das schon.

„Dann fang ich am besten gleich mit der ersten Million an. Von nix kommt eben nix. Aber wenn ich nix habe und was brauche, was mache ich dann? Vielleicht will ich mir ja in zehn Jahren eine Wohnung kaufen. Und dann muss ich mir mit Sicherheit Geld pumpen …“

Ab 50 Euro monatlich lohnt der Einstieg in einen Investmentfonds

SCHULDENMACHEN

Miese auf dem Konto zu haben, ist bekanntlich kein Problem. „Gute" Schulden sehen anders aus.

Geld leihen

Wenn man etwas Geld hat, aber noch mehr davon braucht

Immer zu wenig Mäuse: Doch wer Schulden macht, muss sicher sein, dass er sie auch zurückzahlen kann

„Sag mal, Opa, was mache ich eigentlich, wenn ich mir etwas kaufen möchte, aber dafür nicht genügend Geld habe?"

Im Grunde gibt es da nur zwei Alternativen. Entweder du sparst, bis du dir deinen Wunsch erfüllen kannst. Oder du machst Schulden.

„Ich pump dich also an, Opa…"

Das hatten wir doch schon ein paarmal. Immer wenn du dir bei mir Geld leihst, weiß ich, wie die ganze Sache ausgeht. Denn normalerweise sehe ich davon keinen Cent jemals wieder. Wenn ich also sage, dass du Schulden machen musst, heißt das: Du gehst zu einer Bank oder zu einer Sparkasse und nimmst einen Kredit auf. Ihr Schlitzohren spekuliert ja auf meinen Sprachfehler: dass ich nicht „nein" sagen kann, wenn ihr Mäuse braucht!

„Findest du das eigentlich schlimm, wenn ich Schulden mache? Das machen doch Millionen Menschen in Deutschland, und dann kann ich das doch auch, oder?"

Du hast recht, es gehört zu jeder funktionierenden Wirtschaft. Allerdings haben deine Oma und dein Opa nie Schulden gemacht. In unserer Generation waren wir da immer sehr konservativ. Erst sparen und dann kaufen, nicht umgekehrt. Deshalb hatten wir auch nie finanzielle Schwierigkeiten. Als Schuldenmacher muss man schon ziemlich sicher sein, dass man jeden Monat die Zinsen aufbringen und den Kredit zurückzahlen kann. Falls es da Schwierigkeiten gibt, wird es meist ziemlich happig.

„Das mit dem Zurückzahlen leuchtet mir ja noch ein. Aber Zinsen …"

Das wäre ja ein Schlaraffenland – einen Kredit nehmen, mit dem Geld anderer tun und lassen, was man will, und die Schulden später wieder zurückzahlen zum Nulltarif, also ohne Zinsen. Aber so funktioniert das nicht. Ein Kredit oder ein Darlehen ist letztlich eine Ware wie jedes andere Produkt. Wenn du also bei deiner Bank oder Sparkasse Schulden machst, dann verkauft dir das Institut quasi einen Kredit. Und der hat seinen Preis, nämlich den Kreditzins. Banken sind ja bekanntlich keine Wohlfahrtsorganisationen, sondern wollen Gewinn für ihre Eigentümer machen. Deshalb musst du für jeden Kredit und für jedes Darlehen, ob du nun willst oder nicht, Sollzinsen zahlen.

„Stimmt, daran hatte ich eben nicht gedacht. Hast du denn eine Ahnung, wie viel Zins ich für einen Kredit zahlen muss, wie hoch also der Preis ist?"

Generelle Aussagen dazu findest du nirgends. Die Höhe des Kreditzinses ist nämlich abhängig von einigen unterschiedlichen Faktoren. Und da ist jeder Fall anders.

„Was heißt das genau?"

Unterm Strich beeinflussen drei Faktoren den Preis des geliehenen Gelds. Da ist zum einen die allgemeine Zinssituation an den Geld- und Kapitalmärkten. Eine gute Orientierung gibt dabei der Leitzins, der von der Europäischen Zentralbank (EZB) festgesetzt wird. Die Faustregel lautet: Wächst die Wirtschaft in der Euro-Zone stetig, aber nicht mit zu großem Tempo, und ist die Inflationsrate halbwegs auf dem Normalniveau von rund zwei Prozent im Kalenderjahr, dann ist die Zinspolitik der EZB im Großen und Ganzen „normal". Der Leitzins dürfte dann irgendwo zwischen drei und vier Prozent liegen. Haben wir aber eine gefährlich hohe Inflationsrate, muss die EZB diese bekämpfen. Und zwar durch die Erhöhung ihres

Leitzinses. Allerdings sollte sie zugleich darauf achten, dass durch einen solchen Zinsschritt die Wirtschaft nicht negativ beeinflusst wird.

Mindestens ein Scheinchen geht beim Kredit auch an die Bank. Sie kassiert Darlehenszinsen

„Jetzt wird es aber extrem volkswirtschaftlich, Opi. Erklär mir doch erst mal, was so ein Leitzins eigentlich ist."

Der Leitzins ist der Geldpreis, den die Banken bezahlen, wenn sie sich bei der Notenbank Geld ausleihen. Und dieses ausgeliehene Geld geben sie dann, natürlich mit einem meist saftigen Zinsaufschlag, an ihre Kunden weiter.

„Du sprachst eben von drei wichtigen Faktoren, die den Kreditzins beeinflussen. Da fehlen jetzt noch zwei."

Stimmt. Die Höhe des Zinses hängt auch davon ab – das ist das zweite Kriterium –, wie lange du dir das Geld borgst. Faustregel: Je länger, desto teurer wird es. Mit den wichtigsten Einfluss auf die Höhe eines Zinses hat jedoch die wirtschaftliche Situation des Schuldenmachers. Seine „Kreditwürdigkeit", auch „Bonität" genannt. Die Banken wollen selbstverständlich das Risiko, das sie bei der Kreditvergabe eingehen, genau abschätzen können. Also bewerten sie die Gefahr, dass ihr Kreditkunde den vereinbarten Zins und auch die spätere Rückzahlung der Schulden nicht schafft. Je schlechter die Bonität eines Kunden ist, desto höher wird der Zins, den die Bank verlangt.

Es kann also sein, dass zwei Freunde jeweils einen Kredit über 10.000 Euro haben möchten, um sich neue Möbel zu kaufen. Der eine zahlt zwölf Prozent, der andere 16 Prozent. Der Grund für diesen Unterschied liegt, bei ansonsten identischen Bedingungen, darin, dass der eine Freund möglicherweise recht wenig verdient oder anderswo Schulden hat und deshalb als Kreditnehmer ein ziemlich hohes Risiko für die Bank oder Sparkasse darstellt.

„Da wüsste ich mir zu helfen."

Was meinst du damit?

„Na ja, ich würde der Bank einfach nicht sagen, wie viel Geld ich verdiene oder ob ich sonst wo noch Schulden habe!"

Das kannst du gern mal versuchen und dann die Erfahrung machen, dass man dich zwar nicht achtkantig aus der Filiale rauswirft, aber dich ziemlich höflich hinauskomplimentiert. Denn damit du deinen Kredit wirklich bekommst, musst du dich – in übertragenem Sinn – bis auf die Unterwäsche ausziehen. Das heißt: Deine Bank oder Sparkasse will Lohn- und Einkommensbescheinigungen von dir und oft auch einen Steuerbescheid. Und ob du anderswo noch Schulden hast, erfährt deine Bank sowieso. Fast auf Knopfdruck. Denn praktisch alle, die Geld ausleihen, ha-

Banken holen sich Infos von der Schufa

ben Zugriff auf die Daten der Schufa. Das ist ein Unternehmen, das darauf spezialisiert ist, sämtliche Kredit- und Darlehensdaten zu sammeln und zusammenzuführen. So wissen Banken im Handumdrehen, ob du oder ob Herr X oder Frau Y noch anderswo Schulden haben, oder aber eine blütenweiße Weste. Wobei Schulden heißt: Verbraucherkredite, ein Darlehen für den Kauf einer Wohnung, Autoleasing-Verträge oder auch Kreditkarten-

schulden. Kein Cent bleibt der Schufa verborgen.

„Und wenn die Schufa sagt, dass ich ein armer Schlucker bin – was passiert dann?"

Schwer zu sagen. Entweder bekommst du keinen Kredit und musst dich bei der Konkurrenz umhören. Oder du erhältst ihn, aber zu einem horrenden Zins, weil du für die Bank ein zu großes Risiko bist. Oder aber du bringst einen Bürgen bei, an dem sich das Institut schadlos halten kann, wenn du mit deinen finanziellen Verpflichtungen in Verzug kommst.

„Sorry, da fallen mir zwischendurch noch zwei Dinge ein, die mit dem, was du gerade gesagt hast, eigentlich nichts zu tun haben. Muss ich eigentlich auch mit 18 die Erlaubnis meiner Eltern haben, einen Kredit aufzunehmen?"

Nein, Volljährige sind komplett geschäftsfähig. Wenn du noch minderjährig bist, musst du allerdings deine Eltern zur Seite haben. Ich bezweifle aber, dass irgendeine Bank Jugendlichen einen Kredit gewährt.

„Und meine zweite Frage, die mir eben eingefallen ist: Gibt es eigentlich ‚gute' und ‚schlechte' Schulden?"

Nach der reinen Lehre sind Schulden – gut dosiert – der Schmierstoff jeder Volkswirtschaft. Ein Banker sollte sich also hüten, das Wort „schlecht" im Zusammenhang mit Krediten und Darlehen in den Mund zu nehmen. Ich selbst bin da ein wenig konservativer. Als „schlecht" würde ich Schulden bezeichnen, bei denen der Kredit ausschließlich zu Konsumzwecken aufgenommen wird. Also um zum Beispiel den Pauschalurlaub zu finanzieren oder sich recht teure Luxusgüter zu kaufen. Wohl etwas differenzierter muss man die Sache sehen, wenn der Kredit dazu dient, sich die Wohnung einzurichten oder ein Auto zu kaufen. Möbel sind wichtig, um halbwegs vernünftig zu wohnen.

Und auch ein Auto braucht fast jeder, um ins Büro oder in die Fabrik zu kommen. Gerade hier stellt sich aber die Frage, ob es immer ein Modell mit dem guten Stern sein muss oder ob es ein preiswerter Japaner nicht ebenso tut, um von A nach B zu fahren. Zweifellos als „gute" Schulden bezeichnet man solche Kredite, besser gesagt Darlehen, die der Vermögensbildung dienen.

Also sich bei der Bank Geld zu borgen, um eine eigene Wohnung zu kaufen oder ein vermietetes Mehrfamilienhaus, das halte ich für sehr sinnvoll. Dabei handelt es sich letztlich

WELCHER KREDIT FÜR WELCHEN ZWECK?

In der Finanzbranche unterscheidet man Kredite nach folgenden Kriterien:

- **Laufzeit: kurz-, mittel-, langfristig**
- **Besicherung: ungesichert, gesichert (z. B. Hypotheken), Bürgschaft**
- **Höhe: Privatdarlehen, Groß- und Millionenkredit**
- **Kreditgeber: private und öffentliche Finanzinstitute, Arbeitgeber, Verwandte/Angehörige, Staat**
- **Bereitstellung: Bar-/Dispositionskredit, Warenkredit**

WICHTIGE KREDITE IM ÜBERBLICK

Je nach Situation ein anderes Produkt von der Bank.

Kreditform	Dispositionskredit	Ratenkredit	Hypothekenkredit
Höhe	1–3 Monatsgehälter	Ca. 2.000 bis 30.000 Euro	Keine Begrenzung; meist zwischen 30.000 und 300.000 Euro
Laufzeit	Bis auf Weiteres	6 Monate bis 6 Jahre	Keine Begrenzung; meist zwischen 5 und 30 Jahren
Verwendung	Kurzfristiger und vorübergehender Geldbedarf	Finanzierung langlebiger Konsumgüter oder besonderer Wünsche	Immobilienfinanzierung
Rückzahlung	Keine festen Raten, Bankkunde bestimmt selbst die Rückzahlung	Feste monatliche Raten, meist einige Jahre	Üblich sind gleichbleibende Raten über Jahre/ Jahrzehnte hinweg
Besicherung	Keine, der Bankkunde ist jedoch bekannt	Gehaltsabtretung, Kfz-Brief, Bürgschaft	Hypothek, Grundschuld

um eine nach menschlichem Ermessen recht sichere und durchaus rentable Form der Geldanlage.

„Sag mal, was ist günstiger: ein Kredit, mit dem ich mir die erste Wohnungseinrichtung kaufe, oder ein Darlehen, um mir ein Haus zu bauen?"

Zweifellos das Baudarlehen. Es ist im Schnitt nicht einmal halb so teuer wie ein Verbraucher- oder Konsumentenkredit.

„Das finde ich aber unfair. Woran liegt das?"

An den ganz unterschiedlichen Sicherheiten, die die Bank oder Sparkasse, die dir das Geld vorschießt, hat. Bei einem Konsumentenkredit, zum Beispiel für den Kauf eines neuen Flachbildfernsehers, ist letztlich derjenige, der die Schulden macht, die Sicherheit für die Bank. Falls der Schuldner seine Zinsen nicht mehr aufbringen kann – oder die Kreditrückzahlung überhaupt in Gefahr ist –, muss sich das Geldinstitut an ihm selbst schadlos halten. Beispielsweise durch eine Lohnpfändung. Es sei denn, der Kreditnehmer hat bei Vertragsabschluss einen Bürgen gestellt, der dann im Ernstfall einspringen muss.

„Und bei Immobiliendarlehen?"

Da ist die Sache völlig anders. Hier ist nicht so sehr der Häuslebauer die Sicherheit für die Bank oder Sparkasse, sondern das Haus oder die Wohnung selbst. Sobald also der Eigentümer seinen Verpflichtungen über einen längeren Zeitraum nicht nachkommen kann, darf die geldgebende Bank die Immobilie „zwangsverwerten", so der Fachausdruck. Das Haus oder die Wohnung wird also versteigert oder einfach verkauft. Und mit dem Erlös gleicht das Institut die finanziellen Verpflichtungen ihres Kunden aus. Deshalb sollte deine spätere Haus- oder Wohnungsfinanzierung gut durchdacht sein, damit du nicht irgendwann einmal auf der Straße stehst, falls du also arbeitslos wirst oder krank und deshalb deiner Bank kein Geld überweisen kannst.

„Wie funktioniert eigentlich so ein Baudarlehen?"

Kommt darauf an, wie du deine Finanzierung zusammenbaust. Das heißt, welche Art von Schulden du aufnimmst. Ziemlich weit verbreitet in Deutschland sind bei der Immobilienfinanzierung sogenannte Annuitäten-Darlehen.

„Und das heißt?"

Du holst dir von deiner Bank einen Immobilienkredit, beispielsweise 200.000 Euro. Dann handelst du mit dem Geldhaus den Zinssatz aus, den ein solches Darlehen kostet. Nehmen wir einmal an, es sind 5,5 Prozent im Jahr. Und dann vereinbarst du, wie viel außerdem von der Anfangsschuld im Jahr zurückgezahlt werden soll. Üblicherweise ist das ein Prozent. Alles in allem beträgt deine finanzielle Belastung somit 6,5 Prozent im Jahr – von 200.000 Euro Darlehen. Das sind also 13.000 Euro im Jahr, umgerechnet gut 1.000 Euro im Mo-

ANNUITÄTEN-DARLEHEN: SO LANGE DAUERT ES, BIS DIE EIGENEN VIER WÄNDE SCHULDENFREI SIND

Wichtigstes Merkmal eines Annuitäten-Darlehens ist, dass in der „Annuität" auch ein Tilgungsanteil enthalten ist. So wird jedes Jahr ein Teil des Kredits zurückgezahlt. Am Anfang läuft die Entschuldung sehr mühsam, mit fortschreitender Zeit beschleunigt sie sich. Die folgende Tabelle zeigt beispielhaft, wie lange es dauert, bis das Eigenheim – abhängig vom Nominalzins und der Tilgungsquote – schuldenfrei ist.

Zinssatz in %	Tilgungsdauer				
	1 % Tilgung	1,5 % Tilgung	2 % Tilgung	2,5 % Tilgung	3 % Tilgung
4,00 %	41 Jahre	33 Jahre	28 Jahre	24 Jahre	21 Jahre
4,25 %	39 Jahre	31 Jahre	27 Jahre	24 Jahre	21 Jahre
4,50 %	38 Jahre	31 Jahre	26 Jahre	23 Jahre	21 Jahre
4,75 %	37 Jahre	30 Jahre	26 Jahre	23 Jahre	20 Jahre
5,00 %	36 Jahre	30 Jahre	25 Jahre	22 Jahre	20 Jahre
5,25 %	35 Jahre	29 Jahre	25 Jahre	22 Jahre	19 Jahre
5,50 %	34 Jahre	28 Jahre	24 Jahre	22 Jahre	19 Jahre
5,75 %	34 Jahre	28 Jahre	24 Jahre	22 Jahre	19 Jahre
6,00 %	34 Jahre	28 Jahre	24 Jahre	21 Jahre	19 Jahre
6,25 %	33 Jahre	28 Jahre	24 Jahre	21 Jahre	19 Jahre
6,50 %	32 Jahre	27 Jahre	23 Jahre	21 Jahre	19 Jahre
6,75 %	32 Jahre	27 Jahre	23 Jahre	21 Jahre	19 Jahre
7,00 %	31 Jahre	26 Jahre	23 Jahre	20 Jahre	18 Jahre
7,25 %	31 Jahre	26 Jahre	22 Jahre	20 Jahre	18 Jahre
7,50 %	30 Jahre	25 Jahre	22 Jahre	20 Jahre	18 Jahre
7,75 %	30 Jahre	25 Jahre	22 Jahre	19 Jahre	18 Jahre
8,00 %	29 Jahre	24 Jahre	21 Jahre	19 Jahre	17 Jahre
8,25 %	29 Jahre	24 Jahre	21 Jahre	19 Jahre	17 Jahre
8,50 %	28 Jahre	24 Jahre	21 Jahre	19 Jahre	17 Jahre
8,75 %	28 Jahre	23 Jahre	21 Jahre	18 Jahre	17 Jahre

nat. Der Fachbegriff für diesen Betrag lautet „Annuität". Du zahlst nämlich während der sogenannten Zinsbindungsfrist, in der der Hypothekenzins nicht verändert werden darf, jeden Monat beziehungsweise jedes Jahr den gleichen Betrag. Am Ende der Zinsbindungsfrist, normalerweise nach zehn oder 15 Jahren, hast du dann deine Zinsen gezahlt, also den Preis des Darlehens, und einen Teil des Kredits getilgt. Und dann geht es wieder von vorn los. Ich weiß, im wahren Häuslebauer-Leben ist das schon ein wenig komplizierter, weil viele Eigentümer ihre Immobilie nicht nur durch ein Annuitäten-Darlehen finanzieren, sondern mit unterschiedlichen Bausteinen. Doch zumindest die Funktionsweise müsstest du kapiert haben.

„Habe ich, Opi! Du erklärst mir das ja wirklich so verständlich, dass ich mir noch nicht einmal Notizen zu machen brauche. Aber bis ich mir ein Haus oder eine Wohnung kaufe, lege ich meine Honorare lieber gut an, damit sich mein Geld vermehrt. Denn so wie ich die Banken einschätze, wird man zum Häuslebauen sicher auch Eigenkapital einsetzen, bevor man ein Immobiliendarlehen bekommt."

Der Bursche hat doch wirklich gut zugehört. Vielleicht schafft er es wirklich noch zum Millionär!

„Wenn ich es mir recht überlege, ist Schulden zu machen ziemlich blöd. Vielleicht erbe ich ja mal was von dir oder meinen Eltern. Besser: Ich bekomme Geld geschenkt, um mir eine eigene Wohnung zu kaufen."

Ob Maxi Millionär wird, weiß niemand. Opa jedenfalls hat sein Bestes getan

TOD IST MEIST TABUTHEMA

Übers Sterben sprechen Familienmitglieder oft nicht gern miteinander. Das kann ein Nachteil sein, wenn es ein Erbe zu regeln gibt.

Opa, hast du ein Testament gemacht?

Erben und schenken – rechtzeitig an das Unvermeidliche denken

„Opa, ich darf gar nicht daran denken, dass du irgendwann nicht mehr bei mir bist."

Das glaub ich dir aufs Wort. Mir geht es genauso. Niemand denkt gern daran, dass man irgendwann von einem nahestehenden Menschen Abschied nehmen muss. Der Tod und alles, was irgendwie damit zu tun hat, gehören immer noch zu den Tabuthemen. Auch wenn das sehr unvernünftig ist, wir beide können daran nichts ändern.

„Was meinst du mit ‚unvernünftig‘? Man kann doch nicht andauernd an den Tod denken und darüber reden."

So meine ich das auch nicht. Mir selbst geht es darum, rechtzeitig Vorkehrungen zu treffen, dass mein Vermögen möglichst gerecht und sinnvoll an meine Angehörigen verteilt wird. Also an meine Kinder und an meine Enkelkinder. Im Grunde geht es also darum, sich übers Erben und Schenken Gedanken zu machen. Ich selbst, bestimmt auch Millionen Menschen in Deutschland, wollen doch nicht, dass das hart erarbeitete Vermögen in die falschen Hände gerät. Mitnehmen kann man es ja nicht, auch wenn es dabei nicht unbedingt verbrennen würde. Ich persönlich gebe euch ja auch lieber etwas mit warmer Hand. Aber Vorkehrungen für Schenkungen oder für die spätere Erbschaft zu treffen, das meine ich mit „vernünftig". Auch wenn kaum jemand darüber reden möchte. Niemand spricht dieses Thema gern an.

„Opa, du schenkst mir ja laufend Geld. Mal fünf und auch mal zehn Euro. Verstehe mich bitte jetzt nicht falsch, aber willst du mir damit sagen, dass meine Eltern und ich später deine Erben sind?"

Warte das einfach mal ab. Ich hab schon vor Längerem soweit alles geregelt für später.

„Das heißt wohl zugleich, dass ich irgendwann einmal auch von meinen Eltern erben werde. Geht das eigentlich automatisch?"

„Ja" und „nein" lautet die Antwort. Auch wenn sie dir nicht besonders weiterhilft, nehme ich an. Mal wieder geht es darum, was in den einschlägigen Paragrafen steht. Allgemein nur so viel: Es gibt in Deutschland eine sogenannte gesetzliche Erbfolge. Darin ist genau geregelt, wer wie viel vom Vermögen erhält, sobald der „Erblasser", erneut ein Fachbegriff, verstirbt. Anders bei der „gewillkürten Erbfolge". In einem solchen Fall kann der Erblasser – meistens mit einem Testament – selbst bestimmen, wer später wie viel bekommt. Zu den Hauptnutznießern müssen dann nicht unbedingt Verwandte gehören, es können auch ganz fremde Menschen sein. Das heißt also: Im Grunde kann ich in einem Testament nach Lust und Laune bestimmen, wer später wie viel bekommt. Wichtig ist allerdings, dass die Kinder zumindest einen sogenannten Pflichtteil erhalten. Du siehst, die ganze Sache ist schön kompliziert. Ohne einen Experten, also einen auf Erbrecht spezialisierten Rechtsanwalt oder einen Notar, sollte man das erst gar nicht machen.

„Hast du denn ein Testament, Opa?"
Ja klar, schon lange.

Fehlt ein Testament, gilt die „gesetzliche Erbfolge"

„Und was steht drin?"

Jetzt sei mal nicht so neugierig. Warte es ab, dann wirst du es schon sehen. Eins kann ich dir jetzt aber schon sagen: In meinem Testament habe ich darauf geachtet, dass das Finanzamt am Tag X nicht zu viel abbekommt.

„Moment mal, was geht es eigentlich das Finanzamt an, wie viel du wem vererbst? Die haben doch wohl genug Geld."

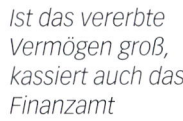

Ist das vererbte Vermögen groß, kassiert auch das Finanzamt

Das denken viele Leute, glaub das mal. Aber Gesetz ist Gesetz. Im konkreten Fall heißt das: Erbschaftsteuergesetz. Zumindest theoretisch ist das Finanzamt bei jeder „Vermögensübertragung", so lautet der Fachbegriff für Erbschaften und Schenkungen, mit dabei. Egal, ob du Sparbücher, Bundesschatzbriefe, Aktien oder Immobilien weitergibst. Die stehen daneben und halten die Hand auf.

„Ich fasse es nicht. Das ist ja superungerecht. Jedes Mal bekommt das Finanzamt Geld, obwohl es keinen Finger gerührt hat?"

Wenigstens theoretisch, wie eben bereits gesagt. In Wirklichkeit kosten die meisten Erbschaften und Schenkungen keinen Cent Steuern.

„Das ist mal wieder zu hoch für mich. Ich denke, das Finanzamt hält immer die Hand auf – das hast du doch gerade gesagt."

Das liegt an den steuerlichen Freibeträgen, die jeder hat, der erbt oder eine Schenkung erhält.

„Also wenn es Freibeträge gibt, dann wirst du schon darauf achten, dass Vater Staat uns nicht über den Tisch ziehen kann. Wie funktioniert das denn mit den Freibeträgen?"

Das ist ausnahmsweise nicht schwierig. Die Faustregel lautet: Je näher das verwandtschaftliche Verhältnis ist zwischen demjenigen, der vererbt oder schenkt, und demjenigen, der erbt oder etwas geschenkt bekommt, desto höher ist der Freibetrag. Dafür gibt es dann drei unterschiedliche Steuerklassen. In Steuerklasse I sind die nächsten Verwandten, nämlich Ehegatte, Kinder und Enkel. Die haben die größten Freibeträge bei der Vermögensübertragung. In Steuerklasse III sind alle „Begünstigten", die nicht mit dem Erblasser verwandt sind. Achtung, das ist wieder so ein Fachbegriff! Und dieser Personenkreis, du kannst es dir schon denken, hat sehr geringe steuerliche Freibeträge.

„Puh, noch mal Schwein gehabt. Wenn das Finanzamt von so viel seine Finger lässt, kann mir und meinen Eltern ja eigentlich nichts passieren, falls es dich nicht mehr gibt, Opa."

FREIBETRÄGE BEI ERBSCHAFTEN UND SCHENKUNGEN

Der Gesetzgeber plant, die Freibeträge bei Vermögensübertragungen deutlich nach oben zu setzen. Die genannten Werte beziehen sich auf den Stand zur Jahresmitte 2008. Änderungen sind möglich.

Steuerklasse I	Freibetrag*
Ehegatte	500.000
Kinder, Stiefkinder	400.000
Enkel	200.000
Eltern im Erbfall	100.000
Steuerklasse II	**Freibetrag***
Eltern bei Schenkung	20.000
Geschwister, Nichten, Neffen, Stiefeltern, Schwiegereltern, geschiedener Ehegatte	20.000
Steuerklasse III	**Freibetrag***
Alle übrigen Erben und Beschenkte	20.000
Eingetragene Lebenspartner	500.000

* Angaben in Euro   Quelle: Bundesfinanzministerium

Na, von „Schwein gehabt" zu reden, wäre etwas taktlos, wenn dein Opa zur Kasse gebeten wird. Aber du hast recht, bei der Größenordnung, die ich zu vererben habe, wird der Finanzminister wegen der Freibeträge ziemlich alt aussehen. Aber es gibt ja immer noch genug Menschen, die Vermögen von ein paar Millionen Euro vererben oder verschenken. Und dann sieht die ganze Sache schon anders aus, weil die Freibeträge locker überschritten werden.

„Wie viel nimmt das Finanzamt denn dann weg?"

Je mehr Vermögen vererbt oder verschenkt wird, desto mehr davon behält das Finanzamt als Erbschafts- beziehungsweise Schenkungssteuer. Ein Beispiel: Angenommen, du würdest später von deinen Eltern eine glatte Million Euro als Erbe bekommen. Dann hättest du einen Freibetrag von 400.000 Euro, und der Rest würde besteuert werden. In diesem Fall müsstest du 15 Prozent von 600.000 Euro, das sind 90.000 Euro, dem Finanzamt geben.

Steinreich durch Schenkung? Zwei Kiesel mindestens gehen an den Fiskus

„Und wenn das Finanzamt nichts davon erfährt, dass jemand gestorben ist?"

Das wissen die garantiert. Banken und Versicherungen beispielsweise müssen das Finanzamt darüber informieren, sobald ein Kunde stirbt. Und dann kommt die ganze Maschinerie ins Laufen.

„Und ich hab gar keine Chance zu verhindern, dass das Finanzamt mir von dem, was ich von dir und meinen Eltern später bekommen werde, etwas wegnimmt?"

Doch, es gibt da ein paar Möglichkeiten, das zu verhindern. Da geht es hauptsächlich um vorweg-

JE MEHR, DESTO MEHR

Sobald die persönlichen Freibeträge überschritten werden, langt das Finanzamt durch Erbschafts- oder Schenkungssteuer zu. Die Höhe des prozentualen Steuersatzes hängt ab vom Vermögenswert, der den persönlichen Freibetrag überschreitet, und der Zugehörigkeit zu einer der drei Steuerklassen.

Vermögen * bis	Steuersatz in Steuerklasse		
	I	II	III
75.000	7 %	30 %	30 %
300.000	11 %	30 %	30 %
600.000	15 %	30 %	30 %
6.000.000	19 %	30 %	30 %
13.000.000	23 %	50 %	50 %
26.000.000	27 %	50 %	50 %
darüber	30 %	50 %	50 %

* Angaben in Euro, Stand: Mitte 2008   Quelle: Bundesfinanzministerium

genommene Erbfolge, einfach gesagt: um Schenkungen. Recht günstig ist es oft auch, Immobilien an die nächste Generation weiterzureichen. Allerdings ist es schwierig, hier allgemeine Tipps zu geben. Das sollte jeder, der über ein etwas größeres Vermögen verfügt, mit Experten regeln – einem Rechtsanwalt, Notar und/oder Steuerberater. Vielleicht wird dir jetzt klar, warum ich vorhin sagte, dass man sich frühzeitig – Tabu hin oder her – mit dem Tod und seinen Folgen auseinandersetzen sollte.

„Ach Opa, auf eine Erbschaft kann ich gern verzichten, wenn du nur bei uns bleibst. Du kannst mir ja hin und wieder was schenken. Und vor allem: noch viele, viele Opa-Bücher mit mir schreiben."

Opa schreibt. Sein Testament ist längst zu Papier gebracht. Kann dann eigentlich nur ein neues Buch werden …

„Lang ersehnt"

Gong

OPA – das kannst du auch!
Mein Enkel erklärt mir das Internet
153 Seiten
ISBN 978-3-9811506-0-5
12,80 EURO

OPA – das kannst du auch!
Wir lernen digitales Fotografieren
128 Seiten
ISBN 978-3-9811506-2-9
12,80 EURO

OPA – da lachst du auch!
Meine Erlebnisse im Alter
128 Seiten
ISBN 978-3-9811506-3-6
12,80 EURO

Seit zwei Jahren machen die Ratgeber von Hans-Dieter Brunowsky (85) und seinem Enkel Maximilian Kubenz (18) langweilige Gebrauchsanleitungen überflüssig und stürmen mit Witz und Wärme die Bestsellerlisten. Dabei wollte Opa eigentlich nur die Computer-Tipps seines Enkels mitschreiben… Deutschlands meistverkaufte Ratgeber für die neue Technik (Frühjahr 2008) erscheinen nun auch zu Themen wie Gesundheit oder Finanzen. Weitere Bände sind in Vorbereitung. Die neuesten Infos zum Verlagsprogramm finden Sie unter **www.brunomedia.de**